eビジネス新書

No.332

週刊東洋経済

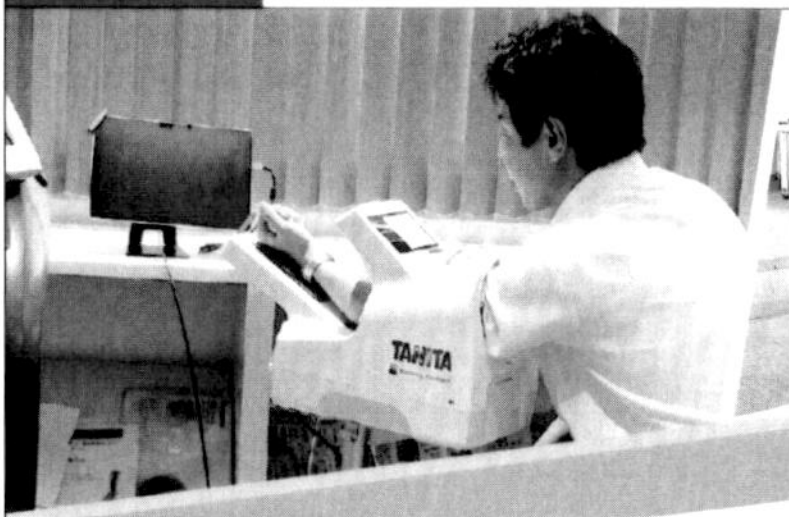

ビジネスに効く

法

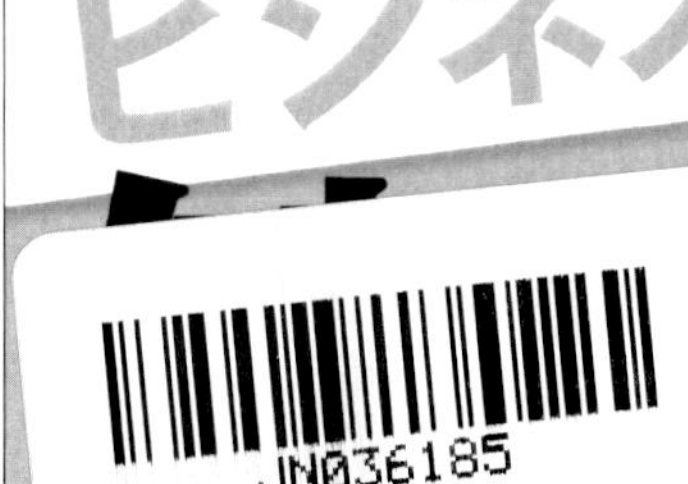

週刊東洋経済 eビジネス新書 No.332

ビジネスに効く健康法

本書は、東洋経済新報社刊『週刊東洋経済』2019年10月19日号より抜粋、加筆修正のうえ制作しています。情報は底本編集当時のものです。（標準読了時間 90分）

ビジネスに効く健康法　目次

ミドル世代が「今日からできる」改善策

経済成長のエンジンにブレーキがかかり、追い打ちをかけるように人口減少や高齢化が深刻化する中で、「健康」の2文字がより重要なキーワードになってきた。バブル時代を謳歌し、失われた20年で辛酸をなめた中高年層。仕事や家庭を大切にし、自分の健康など二の次だった。ところが今や彼らも、健康こそ最も大きな意味を持つことに気づいた。当たり前だが、仕事の安定に必要なのは健康な体なのだ。

がん、糖尿病……。大病にかからないためには何をすべきか。さまざまな原因が指摘されるが、意外に知られていないことも多い。例えば、内臓脂肪だ。「ぽっこりおなか」の原因として知られているが、実は大病のリスクをはらむ厄介者である。だが、ちょっとした食生活の見直しや運動で改善することができる。諦めかけた体形の崩れ、大病のリスクを同時に解決したい。

パソコンとの格闘で1日を終えると、首や肩が重く感じる。腰も痛い。首や肩の痛み、腰痛は仕事の効率を低下させる。企業の損失にもつながるはずだ。こうした問題も少し意識を変えるだけで、好転させることができる。さらに不眠症や肌の老化についても問題点を探り、「今日からできる」改善策を紹介していく。

ぽっこり体型をすぐ直せ！

内臓脂肪は糖尿病や動脈硬化を引き起こす厄介者

医師　医学博士・池谷敏郎

年齢を重ねるごとに、目立つようになる〝ぽっこりおなか〟。周囲を見渡せば、みんなそれなりに「メタボ」だからと、見て見ぬふりをしていないだろうか。しかし「それは人生を半分捨てているようなもの」である。そう警告するのは、『内臓脂肪を落とす最強メソッド』の著者、池谷敏郎医師だ。自身も30代の頃は〝ぽっこり体型〟だったそうだが、50代の今は体脂肪率10％台とスリムな体に大変身。「40代、50代がいちばん体型に差が出る」と言う池谷医師から、ビジネスパーソンが取り組むべき、内臓脂肪の解消法を教えてもらった。

内臓脂肪はなぜ問題か

体重の増減に一喜一憂している人もいるが、問題は体重より、体脂肪がどれぐらいついているか。肥満には全身に満遍なく脂肪がつく「皮下脂肪型肥満」と、おなか周りを中心に脂肪がつく「内臓脂肪型肥満」がある。皮下脂肪型は女性に多く、腰から太ももにかけて脂肪がつく「洋梨型」体型になりやすい。一方の内臓脂肪型はおなかがぽっこりした「リンゴ型」体型で、男性に多く見られる。もちろん女性も、食事量と運動不足が過ぎると内臓脂肪がつく。男女とも、加齢とともに内臓脂肪がつきやすくなるのは間違いない。

また、内臓脂肪は胃や肝臓にベッタリついた脂肪だと思っている人が多いが、それは間違い。内臓脂肪とは、胃や腸の周りにある「腸間膜」(腸を固定する膜)に主に蓄積する脂肪のこと。おなかを断面図で見ると皮膚、皮下脂肪、腹筋、内臓脂肪の順に位置している。そのため内臓脂肪の増加に伴っておなかは脂肪で埋め尽くされ、ぽっこり前に出てしまうのだ。

内臓脂肪はどこにつくか

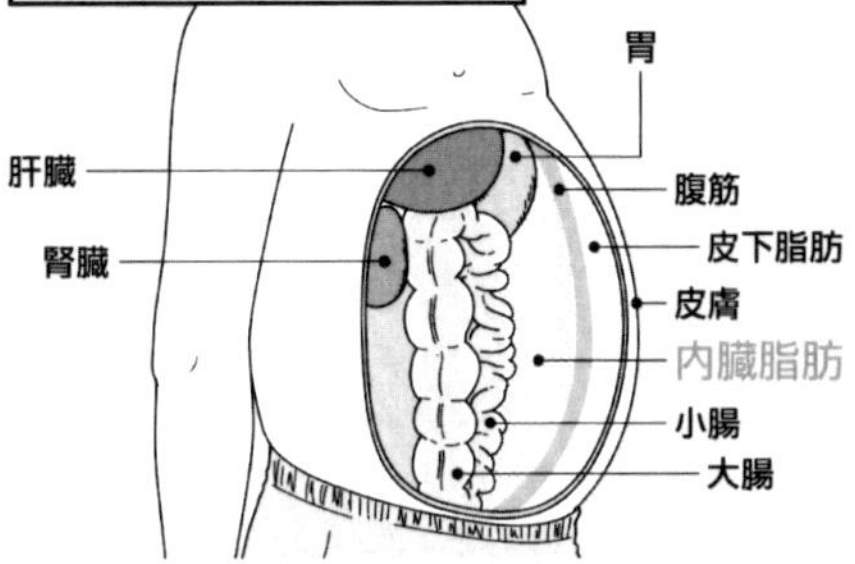
胃
肝臓
腹筋
皮下脂肪
腎臓
皮膚
内臓脂肪
小腸
大腸

放っておくと大変なことに

内臓脂肪の10大リスク
死亡リスク上昇
加齢臭
高血糖・
糖尿病
便秘・頻尿
高血圧
内臓脂肪
過食
動脈硬化
肩こり・腰痛
がん
認知症

（出所）図版はすべて『50歳を過ぎても体脂肪率10％の名医が教える　内臓脂肪を落とす最強メソッド』を基に本誌作成

内臓脂肪型肥満かどうか簡易的にチェックするなら、「腹囲（へその周り）が男性85センチメートル以上、女性90センチメートル以上」「BMI25以上」が目安となる。20歳以降に増えた体重はほとんどが脂肪で、しかも内臓脂肪である可能性が高い。10キログラム以上の増加は要注意だ。

ちなみに「メタボリック症候群（メタボ）」とは、内臓脂肪の蓄積を示す「腹囲が男性85センチメートル以上、女性90センチメートル以上」で、かつ「脂質・血圧・血糖」の3項目のうち2つ以上が基準を超えている状態を指す。日本人は欧米人に比べて内臓脂肪がつきやすいといわれている。やせ型でも内臓脂肪はしっかりある「隠れ肥満」になっていないか注意が必要だ。

ではなぜ内臓脂肪が問題なのか。それはすべての病気の根源ともいえるからだ。例えば糖尿病や高血糖は、内臓脂肪によって引き起こされる可能性が高い。これは、脂肪細胞から分泌される物質が、血糖値のコントロールに重要な役割を果たすホルモン「インスリン」の働きを邪魔するからだ。

さらに、内臓脂肪が蓄積すると、動脈硬化を防ぐ物質の分泌が減少、さらに、血栓をできやすくする別の物質を多く分泌させることもわかっている。結果、動脈硬化が起きやすくなり、心筋梗塞や脳梗塞で突然死に至るケースもある。

とくに喫煙者でメタボ体型の人は、心筋梗塞になるリスクが圧倒的に高い。禁煙とダイエット、両方が無理なら、どちらか1つにでも取り組むことをお勧めする。

内臓脂肪の蓄積は、認知症の発症リスクを高める原因にもなりうる。脳梗塞や脳出血が認知症の原因となったり、高血糖に伴う代謝の異常が記憶を担う脳の「海馬」を萎縮させ、記憶力減退に拍車をかけたりする可能性もあるからだ。若い頃からメタボを改善すれば認知症の予防につながり、仮に認知症になってもその進行を緩やかにできる可能性があることは、頭に入れておいてほしい。

見逃せないのが、内臓脂肪を減らせば肩こりや腰痛など日常のマイナートラブルも解消されやすくなること。体型が変われば、自然と姿勢がよくなる。私自身、昔はよくマッサージや整体に通っていたが、今では全然行かなくなった。

とはいえ、「生活習慣病予防」や「健康寿命延伸」のためといわれても、40代、50代ではまだピンとこない人も多いだろう。そうであれば「周囲からカッコいいと思われたい」「モテたい」なんていう下心がきっかけでいい。その結果、「気づいたら体調がよくなっていた」「病気リスクを減らせていた」となれば万々歳だ。

実は私自身、身長173センチメートルに対して、36歳のときは体重が79キログラムの「おなかぽっこり」体型だった。その後、内臓脂肪の解消に取り組んだ結果、57歳で64キログラムまで減らすことができている。手前みそで恐縮だが、スリムになった今は10歳以上若く見られることもある。おしゃれが楽しく、フットワークも軽くなった。若い人たちとも気後れせず交流できることは、最高に楽しい。

とにかく、人前で堂々と見せられないおなかは、内臓脂肪が蓄積している証拠だ。その状態に危機感を持てるならよいが、「この年では仕方がない」と当たり前のように考えている人も多い。最悪の場合、お互いのメタボ具合をネタにして、飲み会で盛り上がってはいないか。この言葉に少しでもギクッとした人は、ぜひ内臓脂肪解消法に取り組んでみてほしい。

池谷敏郎（いけたに・としろう）

池谷医院院長、医学博士。１９６２年生まれ、東京医科大学医学部卒業後、同大学病院第二内科に入局、血圧と動脈硬化について研究。専門は内科、循環器科。９７年に池谷医院理事長兼院長に就任。現在も臨床現場に立つ。著書多数。

誰にでもすぐできるプチ糖質制限の効果

内臓脂肪解消法「池谷式メソッド」は、私自身のダイエットや多くの患者を診てきた経験から編み出した。基本は、①食事法、②オリジナルエクササイズ、③生活習慣の3つ。過去に無理なダイエットでリバウンドした経験から、「ラクラク、簡単、続けやすい」ことに重点を置いている。

このうち食事法では、やはり糖質制限がカギになる。現代人の肥満のほとんどは、糖質の取りすぎが原因だからだ。

糖質はご飯や麺類、パンといった主食やスイーツに多く含まれる。ほかにもジャガイモ、サツマイモといったイモ類、バナナや柿、リンゴや梨といった甘い果物類も糖質が多い。

糖質の多くはほかの栄養素に比べて体内で血糖に変わるのが早く、その割合も高いため、食後は血糖値が急激に上昇してしまう。そのことで、血糖値を下げるホルモン・インスリンが膵臓（すいぞう）から大量に分泌される。インスリンは血中の糖分を肝臓や筋肉、脂肪細胞へ取り込むように働きかけるが、エネルギーとして使わなかった分は中性脂肪に変えて体内にため込む性質がある。そのため、糖質を制限し血糖値を急上昇させない食べ方が「内臓脂肪を落とす近道」と考えられている。

しかし、過去に糖質制限ダイエットで挫折した、という人も多いだろう。そこで試してほしいのが「プチ糖質制限」だ。

血糖値を急上昇させない

「プチ糖質制限」では、まず主食であるご飯やパンなど炭水化物を半分に減らす。普段、麺類や丼ものを食べる機会の多い人がいきなり炭水化物をゼロにすると、栄養やエネルギーが不足し体調を崩しやすいからだ。その結果、やっぱり自分に糖質制限は合わない、と思い込めばダイエットからはますます遠ざかってしまう。

主食を半分にするのは毎食でなくても構わない。1日に摂取する食事全体の中で、糖質がそれまでの量の半分になるよう意識すればよい。例えば昼や夜に外食する予定があるならば、朝食で主食を控えておく。

一方、空腹はストレスとなり、結局、長続きしない。そのため炭水化物などで糖質を減らした分、野菜や肉・魚・大豆製品、海藻・キノコ類などを多めに取り「食事の量は過度に減らさない」ことをポイントにしている。

極端な食事制限でやせても、健康を損ねたのでは意味がない。とくに、タンパク質が足りないと筋肉が落ち、代謝量や身体機能が低下する。エネルギーを燃やす筋肉がないと、すぐリバウンドするので注意してほしい。減らすのは糖質だけだ。

また食事を取るときは、「食べる順番」も意識する。基本はまず野菜や海藻類から食べる「ベジ・ファースト」で、血糖値を急激に上げないようにする。中でもお薦めは「水溶性食物繊維」を多く含むワカメやコンブ、ゴボウ、アボカドなど。水溶性食物繊維はその後に食べる炭水化物が胃腸で糖質として吸収されるのを抑えるとともに、満腹感を高める「やせホルモン」の分泌を促すからだ。

ゆっくり食べることも、血糖値の急上昇防止につながる。脳の満腹中枢が血糖値の上昇を感知するまでには約15分かかるためだ。早食いだと、満腹と感じるまでに食べすぎてしまう傾向がある。ビジネスパーソンは何かと忙しいものだが、よくかみながら、15分以上かけて食事をすることを心がけてほしい。

内臓脂肪は確実に減る

血糖値を急上昇させない食べ方をしていると、おなかがすきにくくなり、自然とドカ食いしなくなる、というのもメリットだ。血糖値が上がると、今度はそれを下げようとするインスリンの働きが強まる。血糖値が急上昇のあと急降下するから空腹を感じやすくなるのだ。

私の場合、主食だけの朝食だと10時すぎにはおなかがすいてしまう。また、太っていた頃は空腹の状態でラーメンや甘いものを食べることを平気でしていた。当時、どれほど血糖値が乱高下していたかと思うと恐ろしい。今は血糖値が急上昇する食べ方をしなくなったので、おなかがすいてたまらない、ということもなく、ドカ食いもしなくなった。

一方、ご飯の量を減らしているのにやせない、という人は、もともと食べていたご飯の量が多く、半分にしてもまだ食べすぎているケースが多い。そういうときは、さらに半分の量に減らすようアドバイスしている。

食べ物の中には気づかずに取ってしまっている「隠れ糖質」もある。例えば大豆バーやエナジーゼリーといった栄養調整食品、市販の野菜ジュース、スポーツドリンクなど。とんかつソースやケチャップ、みりん、ドレッシングなど、調味料の中にも糖質が高い製品は多いので、使いすぎは禁物だ。

患者さんを診ていると「甘くないから……」とおせんべいを食べたり、「少しなら……」とアメを口にしたりと、自分に言い訳をしながら、糖質を無意識に取っている人もよくいる。内臓脂肪は糖質を制限したら確実に減る。減らないということは、気づかずにまだ食べすぎている、ということ。内臓脂肪はうそをつかないのだ。

プチ糖質制限の5つの超基本（まとめ）

①糖質を半分に減らす

朝昼晩すべての食事で糖質を半分に減らすのが難しいなら、1日のトータルで調整すればよい。例えば朝食でご飯やパンを抜いておけば、昼や夜は比較的、自由に食べられる。

②食事の量は極端に減らさない

空腹がストレスにならないよう、主食を減らした分は野菜や肉・魚などで補い、食べる量は減らさないようにする。とくに筋肉の材料となるタンパク質はしっかり取るように。

③食べる順番に注意する

最初に糖質を取ると血糖値が急上昇。そうならないよう、まずは野菜から食べ始める「ベジ・ファースト」か、大豆製品からの「ソイ・ファースト」を意識する。

④ゆっくり食べる

早食いは血糖値の急上昇や食べすぎにつながる。よくかみながら、なるべくゆっくり時間をかけて食べるほうが満腹感を得やすい。1食15分以上かけて食べることを目標に。

⑤隠れ糖質を見抜く

糖質制限をしても効果がないときは、気づかずに取っている糖質（隠れ糖質）があるかも。例えばシリアル。

内臓脂肪を落とす簡単低糖質メニュー

40代、50代のビジネスパーソンは普段の生活でどう「プチ糖質制限」に取り組めばよいのか、ポイントをまとめてみよう。

まずは朝食。「プチ糖質制限」の目標は、1日に摂取する糖質の量を半分にすることだが、外出先でとる昼食や夕食で食事をコントロールするのは難しい。そのため朝食で白米のご飯やパンを減らし、糖質やカロリーを抑えておくと、昼と夜は比較的、自由に食事を選べるようになる。朝食を抜くと体重が増えやすい、という研究結果もあるため、まったく食べないことはお勧めしていない。

一方、トースト1枚だけ、という朝食は、血糖値の急上昇・急降下ですぐおなかがすき過食につながる。シリアルも糖質が多いので食べすぎは控え、ヨーグルトの上に少し乗せる程度がよい。

主食を少なくする分、朝食では不足しがちな食物繊維やビタミン、ミネラルを意識してしっかりとる。私は、季節の果物や野菜をジューサーで搾り、エキストラバージンオリーブオイルを小さじ1杯ほど垂らした手作りジュースをよく飲んでいる。これに蒸し黒豆をトッピングしたヨーグルトと無糖コーヒーを組み合わせた朝食が定番だが、豊富な水溶性食物繊維の効果もあって血糖値がほとんど上がらない。おかげで診療が終わる午後2時ごろまで、おなかがすくことはない。

朝はしっかり食べなければいけない、と思っている人もいるが、それは昼食と夕食が質素な場合の話。今は飽食の時代なので、朝の食べすぎはむしろ要注意だ。

ダイエット中だから食べられない、としてしまうと食事の楽しみがなくなるし、付き合いも悪くなる。食べたいものを食べるため、朝食で1日の糖質量をコントロールすればよいと考えれば、気持ちも楽にならないだろうか。

コンビニ食を上手に活用

ビジネスパーソンは昼食に、手軽な麺類やどんぶりものを食べることが多いはずだ。このようなメニューはどうしても炭水化物中心になるので、外食なら、できればご飯や麺を少なめに頼む。そのうえでトッピングを増やしたり、サラダなどのサイドメニューを追加したりして栄養バランスを取る。

私の場合はラーメン店では全トッピング乗せの「超豪華ラーメン」(ただし、麺は残すか少なめに)、牛丼店では牛皿とサラダを追加注文するなどして白米を減らしている。見方を変えればダイエット中であっても、工夫次第で食事の誘いを断らず、自分の行きたい店にも行ける、ということだ。

自炊のときはご飯や麺を少なめにし、その分、野菜や肉で「かさ増し」する。1人分の麺で3人分の焼きそばを作るイメージだ。このとき一緒に合わせて相性がよいのはキノコ類。実際にシメジやエリンギは冷蔵庫に常備し、いろいろな料理をかさ増しするスーパーフードとして愛用している。

時間がないときは、コンビニで調達できる食品に少しだけ手間をかけることを勧めている。例えば、袋入りで売られている千切りのキャベツやカット野菜。それだけでは味けないので、マカロニサラダや豚肉のしょうが焼きなど、アクセントになるものを加えて食べやすくする。お湯を入れるだけの即席スープに、蒸し大豆を加えてボリュームを出すのもお勧めだ。これだけで格段に栄養バランスが向上する。

今はコンビニで、さまざまな食品が手に入る。お弁当やパンで済ませるのではなく、少しの手間とアレンジで、低糖質ランチを作ってみてほしい。

朝と昼で糖質を抑えておけば、夜にフルコースや天ぷら、すき焼きなどのごちそうを食べてもOK。その場合でも食べる順番は「ベジ・ファースト」で、主食のご飯などは少なめにする。また偏りなく、多くの品目を食べることを意識したい。

「ぽっこりおなかはビールのせい」と思っている人が多いが、実はお酒と内臓脂肪にあまり関係はない。アルコール類に含まれる糖質はすぐに体内で代謝されるので、ご飯やお菓子に含まれる糖質とは性質が違う。ビールでも日本酒でも適量を守れば、基本的に好きなものを飲めばよい。

お酒の適量

【ビール】中瓶1本程度
【焼酎】半合強
【ウイスキー】ダブル1杯程度
【日本酒】1合程度
【ワイン】グラス2杯程度
【ブランデー】ダブル1杯程度
（注）女性はこの分量のおよそ半量が適量

（出所）日本高血圧学会『高血圧治療ガイドライン』

酒よりもつまみが問題

お酒で太ったと感じる場合、食事に原因があることが多い。つまみにするならサラダや野菜スティック、枝豆、チーズなどがよい。ナッツ類は栄養豊富だが、糖質も多いので食べすぎには注意する。焼き鳥はタレより塩がベターで、鶏皮は控えるようにする。飲み会や立食パーティーなどではポテトフライや焼きそばなど糖質の高いものは避け、サラダやローストビーフなどを選んで食べれば問題ない。

ほかにも「プチ糖質制限」の裏技として、野菜を先に食べる「ベジ・ファースト」が難しいときに、みそ汁や納豆といった大豆製品を最初に食べる「ソイ・ファースト」を提唱している。外出先では豆乳（無調整タイプ）を先に飲むのもお勧めだ。

糖質制限中の最強のおやつとして私がよく食べるのは、蒸し大豆を乗せたヨーグルトや、パックのまま混ぜずに食べる「ケーキ納豆」。しかし大の甘党なので、スイーツもやはり食べたくなる。そういうときは、「太りにくい時間帯」とされる14時から18時に少量を食べている。ほかの食事で糖質を制限しておき、15時ごろのおやつ用に「甘い物枠」をとっておけばストレスはたまらない。

内臓脂肪を減らすサプリメント類は併用してもよいが、あくまで、ダイエットの加速度を上げるための材料にすぎない。サプリだけでは大きな効果が出ないため、ダイエット効率を上げるためには食事のコントロールと運動が欠かせない。私は「プチ糖質制限」をしながら、カテキンの入ったお茶をスポーツドリンク代わりに飲み、ジムでトレーニングをしている。

心がけ次第で外食も、お酒も、甘い物も我慢しなくてよいのが「池谷式メソッド」だ。できることから取り入れてみてほしい。

内臓脂肪が落ちる5つのスーパーフード

①茶カテキン

緑茶や抹茶に多く含まれ、脂肪の分解と消費に働く酵素を活性化する。日常的に飲むだけで、カロリーの消費量を上げられるのがとてもよいところである。

②もち麦

白米の約25倍という豊富な食物繊維を含みながら、カロリーはご飯の2分の1というヘルシーフード。プチプチとした食感で、食べ応えがあるのもポイント。

③ブロッコリー

「野菜の王様」と呼ばれるほど優れた栄養価があり、健康増進効果が高い。食物繊維が豊富で腹持ちがよく、ダイエットを強力にサポートしてくれる。

④サバ缶

中性脂肪の合成を防ぎ、脂肪の分解を促進する「オメガ3系不飽和脂肪酸」が豊富。内臓脂肪を減らすのはもちろん、動脈硬化の予防にもつながる。

⑤スープカレー

一般的なカレールーは小麦粉を多く使用しているが、サラサラのスープカレーなら糖質もカロリーも低め。ただし買うときは栄養成分表示の確認をお忘れなく。

今日からやろう！

肥満に効く

家庭でもオフィスでもじわじわ広がる

池谷式「ゾンビ体操」にトライしてみよう！

初級編

1 足踏み運動

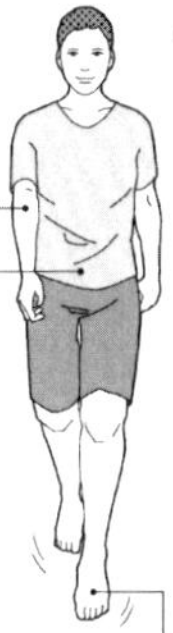

両腕は脱力して揺れるがままにする
腹部に力を入れて、真っすぐ立つ
可能ならかかとを上げ、爪先だけで足踏み

まずはおなかをへこませるように力を入れ、背筋を伸ばし胸を張って立つところからスタート。肩・腕・手の力を完全に抜く

両腕を思い切り上げてから、力を抜いて下ろし、ダランと垂らす。背中を丸めないように注意する

姿勢を保ち、その場で小刻みに足踏みする。爪先だけで行うとより効果的。足が痛い人や、筋力の低下している人は無理をしない

2 イヤイヤ運動

左右の肩を交互に揺らして、上半身をひねる
腕は脱力して、自然にブラブラさせる

足踏みをやめて、子どもがイヤイヤするように両肩を前後に動かし上半身をひねる。両腕は肩の動きに合わせ、ブラブラと揺れるがままに。足踏み運動の次にイヤイヤ運動をそれぞれ15～60秒ずつ行うことで１セットとし、朝・昼・夜と毎食30分後、１日合計３セット行う

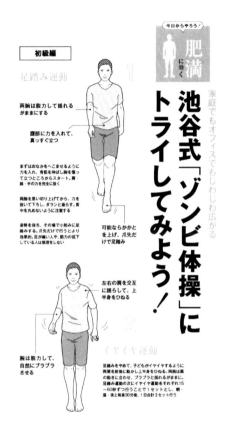

上級編

下半身の足踏み運動＋イヤイヤ運動

1

初級編の足踏み運動とイヤイヤ運動を同時に

足踏みに合わせ、イヤイヤするように左右の肩を前後に動かす（腕は脱力してブラブラと自然に揺れるように）。余裕があれば、その場でジョギングするように少しひざを上げてリズミカルに足踏みしてもよい。初級編で物足りない人は、この上級編を

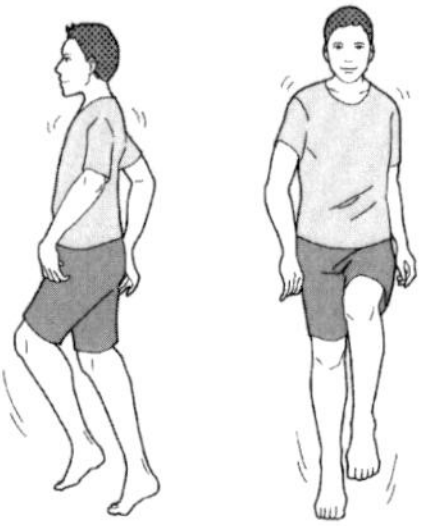

2

30秒間ゆっくりと足踏みをする

「下半身の足踏み運動+イヤイヤ運動」を１分間行った後、今度は「ゆっくり足踏み」を30秒間続ける。これを１セットとして１日３回行えば、約30分歩いたのとほぼ同じ運動量になる。ただし初級編も上級編も自分のペースで、無理のない範囲で

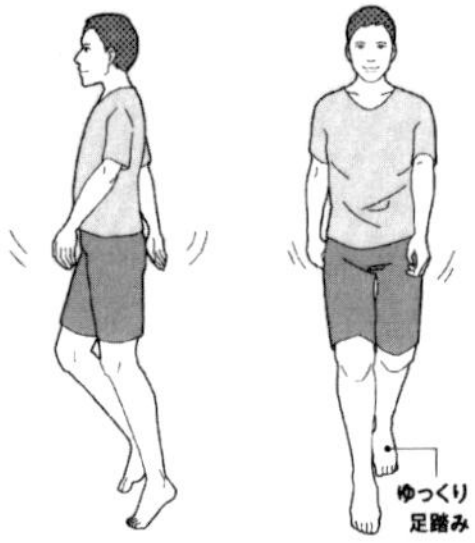

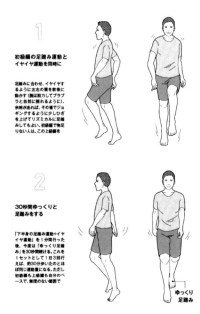

座ってできる「ゾンビ体操」

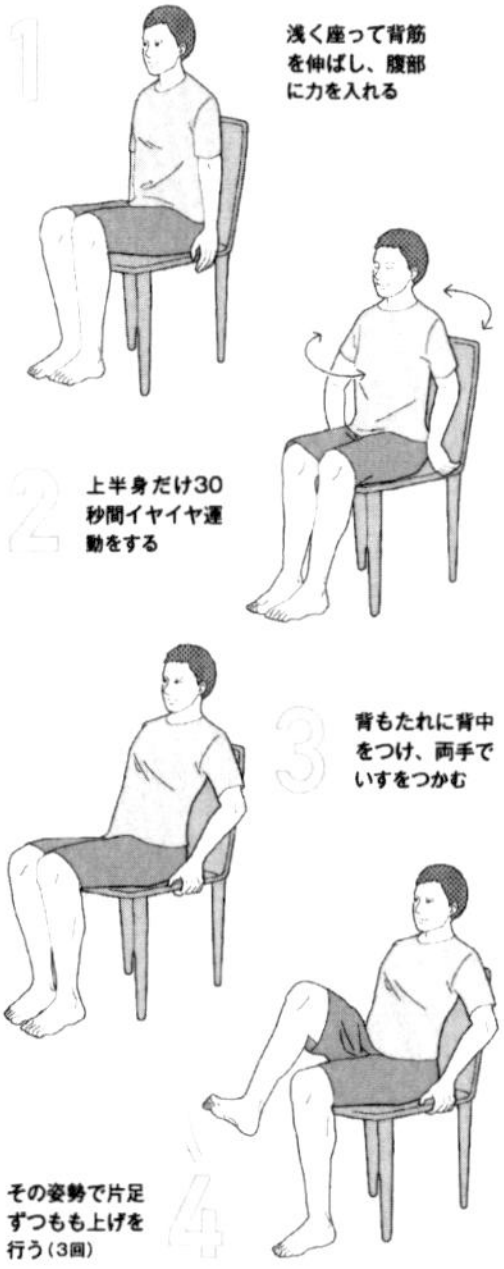
1
浅く座って背筋を伸ばし、腹部に力を入れる
2
上半身だけ30秒間イヤイヤ運動をする
3
背もたれに背中をつけ、両手でいすをつかむ
4
その姿勢で片足ずつもも上げを行う（3回）

2～4を1セットとして3セットを朝・昼・夜と1日3回行う

腰痛の傾向と対策を教えます

東京大学医学部附属病院22世紀医療センター
運動器疼痛メディカルリサーチ&マネジメント講座特任教授・松平　浩

多くの人が悩み、大きな関心を集める腰痛、肩や首のこり・痛み。あまりに日常的すぎて「我慢できなくもない」「付き合っていくしかない」と思って、やり過ごしている人も多いのではないだろうか。

しかし、諦めてしまっては何も変わらない。まずは敵を知ることが第一である。そして日常生活におけるちょっとした意識づけと体操を行うようにすることで、あなたは日々の苦しみから解放されるかもしれない。

8割を超える人が一生のうちに一度は経験するといわれる腰痛。4人に1人が腰痛のために仕事や家事を休んだことがあるという調査結果もあり、ビジネスパーソンにとって重大な健康問題の1つといえるだろう。

「世界の疾病負担研究」で出されている、生活に支障を来す年数（ＹＬＤｓ：Years lived with disability）という指標では、約３０年前も最近の結果も腰痛が第1位。しかも数値は５０％以上増加している。

この間の医学の進歩にもかかわらず、結果が変わっていないどころか、むしろ悪くなっているということは、腰痛の治療や予防対策が必ずしもうまくいっていないことを端的に表しているといえる。

「腰痛があるときは安静にする、は間違い」と強調するのは、『これだけ体操』を考案した松平浩医師。腰痛の基礎知識と、予防・改善のためにできるセルフマネジメントについて教えてもらった。

労働損失が大きい腰痛

労働の生産性と健康状態の関連を調べた研究によると、医療費（医療費＋薬剤費）の大きい病気と、生産性低下によるコストの大きい病気は順位が異なっているが、医療費コストと生産性コストの合計でみると「肩こり・腰痛」が第1位となっている。

この生産性低下のコストはプレゼンティーイズム（Presenteeism）とアブセンティーイズム（Absenteeism）の合計でみているのだが、近年、とくにプレゼンティーイズムという用語が注目されてきている。

これは病気・体調不良による欠勤を意味するアブセンティーイズムに対する概念で、出勤はしているものの、何らかの病気や体調不良があるために職務遂行能力や労働生産性が低下している状態のことをいう。

アブセンティーイズムによる生産性の低下、労働損失コストについては以前から問題視されていたのだが、近年、医療費コストやアブセンティーイズムのコストよりも、プレゼンティーイズムの労働損失コストのほうがはるかに大きいということがわかってきた。

そして腰痛は肩こりや首の痛みとともに、このプレゼンティーイズムによる損失コストに大きな影響を与える要因であることが、複数の研究で報告されている。

こうした損失の大きさを考えると、腰痛によって十分なパフォーマンスを発揮できていない社員が多くいるという状況は、健康経営を推進する企業にとっても決して無視できるものではない。

■ **健康に関するコスト** ―生産性と健康状態の関連―

順位	医療費＋薬剤費	＋ 生産性※	＝ 合計
1	がん（皮膚がん以外）	倦怠感	肩こり・腰痛
2	肩こり・腰痛	抑うつ	抑うつ
3	冠動脈性心疾患	肩こり・腰痛	倦怠感
4	慢性疼痛（肩こり、頭痛、片頭痛以外）	睡眠障害	慢性疼痛（肩こり、頭痛、片頭痛以外）
5	高コレステロール	慢性疼痛（肩こり、頭痛、片頭痛以外）	睡眠障害
6	逆流性食道炎	関節炎	高コレステロール
7	糖尿病	高血圧	関節炎
8	睡眠障害	肥満	高血圧
9	高血圧	高コレステロール	肥満
10	関節炎	不安神経症	不安神経症

（注）※生産性は、アブセンティーイズムとプレゼンティーイズムの合計
（出所）東京大学政策ビジョン研究センター「『健康経営』の枠組みに基づいた健康課題の可視化及び全体最適化に関する研究」

ストレスの影響も

人材不足や働き方改革などにより、生産性向上は取り組むべき必須の課題となっており、プレゼンティーイズム対策の重要性は今後ますます高まっていくと考えられる。腰痛対策は、当事者本人としてのみならず、職場全体として戦略的に考えていかないといけない時代なのである。

これだけ多くの人が経験し、経済損失など社会への影響も大きい腰痛だが、そもそも腰痛を引き起こす原因にはどういうものがあるのだろうか。

まず、腰痛は大きく2つに分類される。1つは診察や画像診断などで原因の病気が明らかにできる「特異的腰痛」。もう1つは、原因の病気の特定が難しい、つまり原因が正確にはわからないとされる腰痛で、「非特異的腰痛」とも呼ばれる。

特異的腰痛の原因となる病気は、感染による炎症、がんの転移、骨折、腰椎椎間板ヘルニア、大動脈瘤（りゅう）、尿路結石、子宮内膜症など多岐にわたっている。放っておくと危険なものも含まれ、命に関わる場合もあるので注意が必要だ。発熱を伴っていたり、横向きになってもうずくなどの症状がみられたりするなら、速やかに医療機関を受診することを勧める。

一方、日常的に経験するほとんどの腰痛は、検査をしてもこれといった原因が見当たらない非特異的腰痛に分類される。長引く腰痛や、ぎっくり腰などもこちらに含まれる。腰痛の治療や予防策が確立しきれない状況があるのには、このように原因を明確にできない腰痛が圧倒的に多いという背景もある。

非特異的腰痛は「原因が正確にわからない」というよりは、「心配するような病気が原因ではない」と言い換えたほうが理解しやすいだろう。本来であれば、腰痛になってから3カ月以内にはよくなるはずのものである。

しかし実際には、ぎっくり腰の痛みがなかなか治まらなかったり、持病のように腰痛が慢性化したりしてしまっている人も少なくない。なぜだろうか。

近年の研究で、非特異的腰痛の要因として、無理な姿勢や動作を行うことなど（メカニカルな腰へのストレス）による「運動器（腰自体）の不具合」に加え、心理的なストレスによる「脳の機能の不具合」が影響することがわかっている。

多くは正確な原因がわからない
—腰痛の原因—

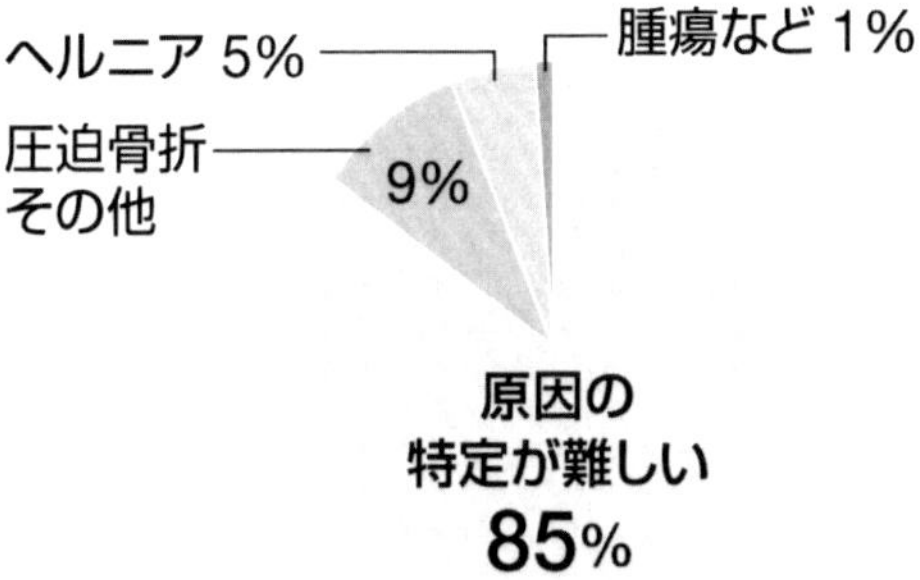
ヘルニア 5%
腫瘍など 1%
圧迫骨折
その他
9%
原因の
特定が難しい
85%

（出所）『一回3秒これだけ体操 腰痛は「動かして」治しなさい』

腰の骨（腰椎）の構造をみると、椎骨と椎骨の間には椎間板があり、クッションの役割を担っている。椎間板の中には、ゼリー状の「髄核（ずいかく）」という軟らかい物質があり、髄核はさらに「線維輪（せんいりん）」という硬い組織に囲まれている。

日常的なデスクワークでのパソコン作業でなりがちな前かがみ、猫背など腰に負担がかかる姿勢、あるいは荷物を持ち上げる動作を頻繁に行うことを続けていると、徐々にこの髄核が正常な位置よりも後ろにずれた状態になっていくのだ。

こうしたちょっとした「腰自体の不具合」は、画像検査などでは検出できない。この髄核がずれた状態は「腰痛借金」がある状態である。

腰に負担がかかる無理のある姿勢や動作を続けて日々の「腰痛借金」がどんどんたまっていくと、ある日突然、「腰での2大事故」ともいえるぎっくり腰や椎間板ヘルニアが引き起こされてしまうという仕組みだ。

「腰痛借金」がたまる仕組み

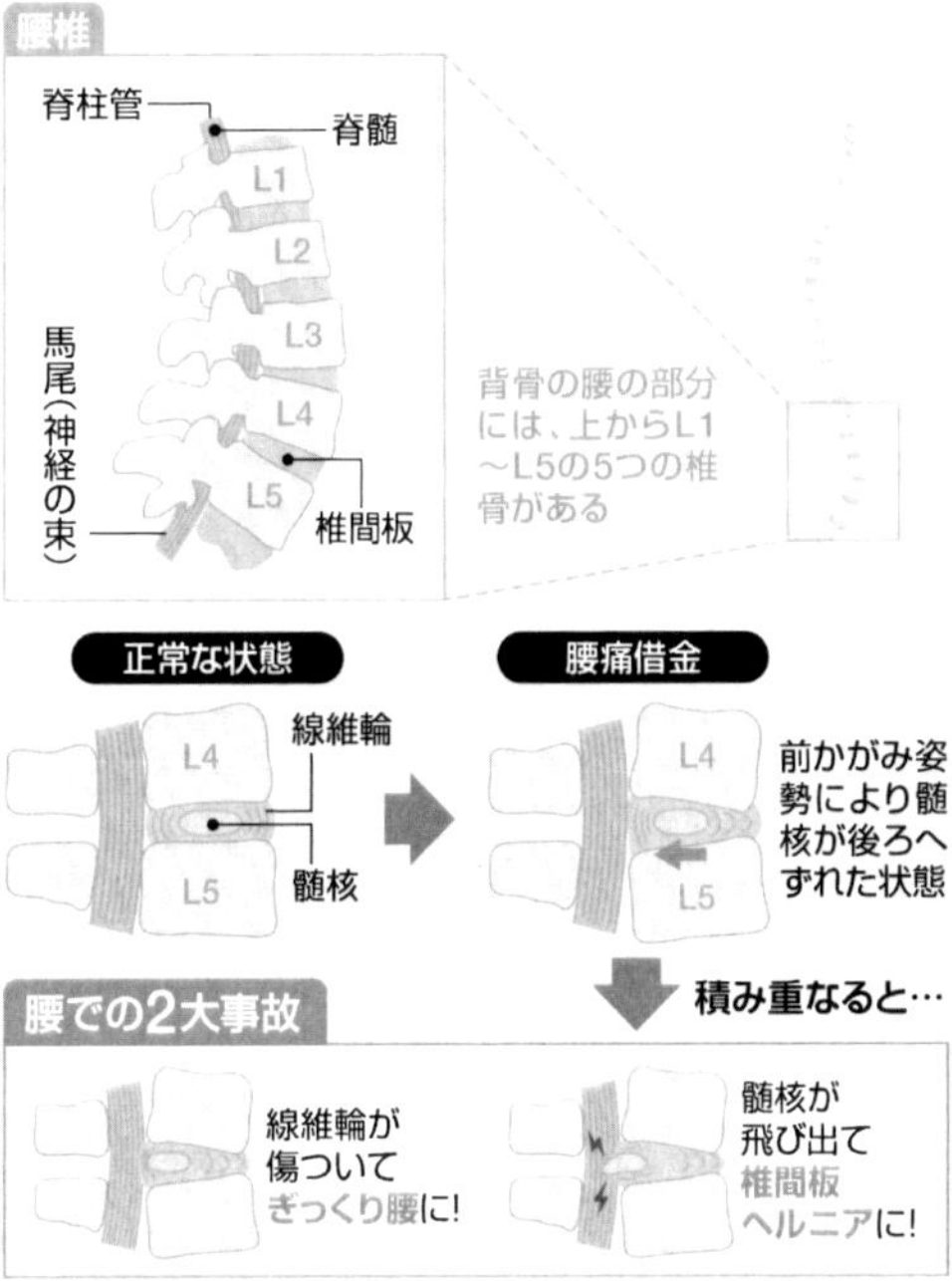

（出所）『一回3秒これだけ体操　腰痛は「動かして」治しなさい』を基に本誌作成

余談だが、くしゃみやせきをするときも腰には注意が必要だ。瞬間的に前かがみの姿勢を取ることになるため、自分で思っている以上に腰へ大きな負担がかかってしまう。

くしゃみやせきをするだけで「腰痛借金」がたまっていき、ぎっくり腰になるとしたら、それはさすがに理不尽だと感じる人も多いだろう。ちょっとしたコツとして、くしゃみやせきをする際には、背筋を伸ばし、周囲にある机や壁に手を突くようにするとよい。

もし周りに手を突く場所がなければ、自分の太ももに手を突くようにするといいだろう。この動作により、瞬間的に椎間板にかかる負担が軽減され、「腰痛借金」が一気にたまるのを避けることができるはずである。

恐怖回避思考の悪循環

こうした腰自体の不具合の一方で、「脳の機能の不具合」も腰痛の悪化・慢性化に大きく関わっている。

腰痛になったことで「もう治らないのではないか」「どんどん悪化するのではないか」という不安や恐怖、悲観的な考えにより、腰に対していわば過保護になってしまうことが、かえって腰痛を長引かせたり、再発の引き金になったりすることがある。

この悪循環を「恐怖回避思考モデル」と呼んでいる。痛みへの不安と恐怖により動かないでいると、脳が痛みに過敏になり、増幅された痛みによりさらに動かなくなると、筋力の低下なども起きて腰痛が再発しやすくなる……という悪循環が起きてしまうのだ。

恐怖回避思考があると、その後の腰痛回復の経過に悪影響を及ぼすことが欧米の研究でわかっており、腰自体の不具合をいくらケアしてもなかなか腰痛が治らないということが起こりうる。

恐怖回避思考モデルの悪循環に陥っているかどうかは、後述の「恐怖回避思考チェックリスト」で簡単に把握できる。もし合計4点以上になったら、恐怖回避思考に陥っている可能性が高いと判定される。

恐怖回避思考から抜け出すためには、まずは腰痛についての正しい知識を身に付けること。そして、腰痛があるからといって腰をかばいすぎず、多少痛くてもできる範囲で動くこと、活動的になることが大事だ。

脳機能の不具合としては、仕事や人間関係といった日常での心理的なストレスも腰痛を悪化・慢性化させてしまう。ストレスは自律神経にも影響を及ぼし、頭痛やめまい、胃腸の不調、睡眠障害、うつ状態などのさまざまな症状を引き起こす。

心理的ストレスの原因がわかっているならば、それを解消することが腰痛の改善につながる可能性がある。

「痛みの悪循環」恐怖回避思考チェック

ここ2週を振り返り、次の質問に該当するケースが4つ以上あれば、「痛みの悪循環」を引き起こす恐怖回避思考に陥っている可能性が高いといえる。

①この腰の状態では活動的になるのは危険だと思う
②心配事が心に浮かぶことが多かった
③私の腰痛は重症で、決してよくならないと思う
④以前は楽しめたことが、最近は楽しめない
⑤ここ2週の間に腰痛は、「とても」または「極めて」煩わしい

（出所）『一回3秒これだけ体操 腰痛は「動かして」治しなさい』

脳が原因で起こる「痛みの悪循環」
―腰痛の恐怖回避思考モデル―

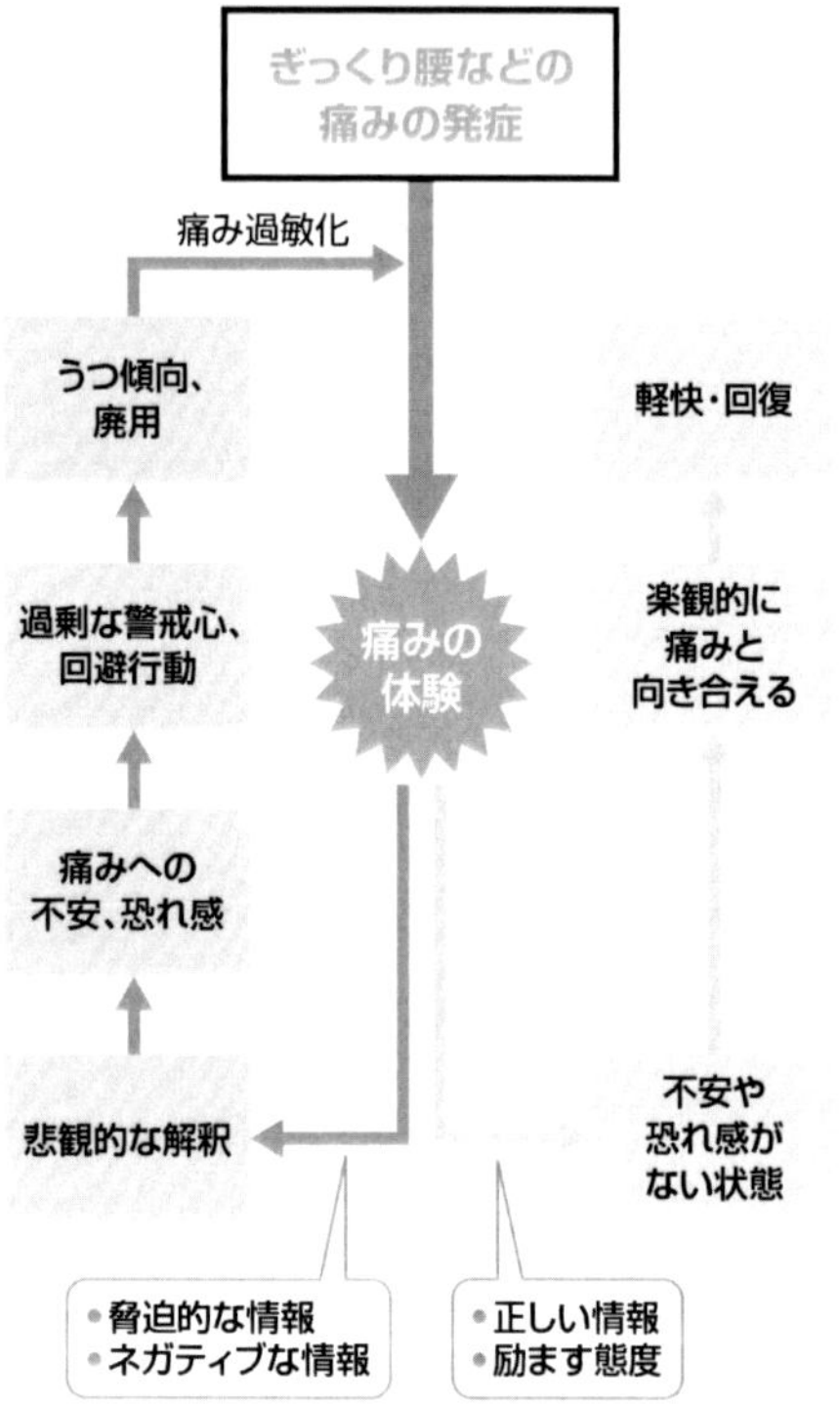
ぎっくり腰などの
痛みの発症
痛み過敏化
うつ傾向、
廃用
過剰な警戒心、
回避行動
痛みへの
不安、恐れ感
悲観的な解釈
痛みの
体験
軽快・回復
楽観的に
痛みと
向き合える
不安や
恐れ感が
ない状態
・脅迫的な情報
・ネガティブな情報
・正しい情報
・励ます態度

（出所）『一回3秒これだけ体操　腰痛は「動かして」治しなさい』

「腰痛借金」をためない

この後に、非特異的腰痛の予防・改善に導くための体操を紹介している。「これだけ体操」は基本のものと横バージョンがあるが、その名前のとおり、とても簡単で、仕事中のオフィス内など限られた時間・場所でも「腰痛借金」を解消するために気軽に行えるものだ。

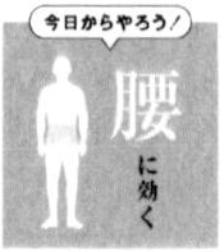
今日からやろう！
腰
に効く

簡単なのに腰痛に大きな効果

「これだけ体操®」をマスターしよう

基本のこれだけ体操　腰を反らす体操

回数の目安（1日）　治療 ▶ 10回　予防 ▶ 1～2回

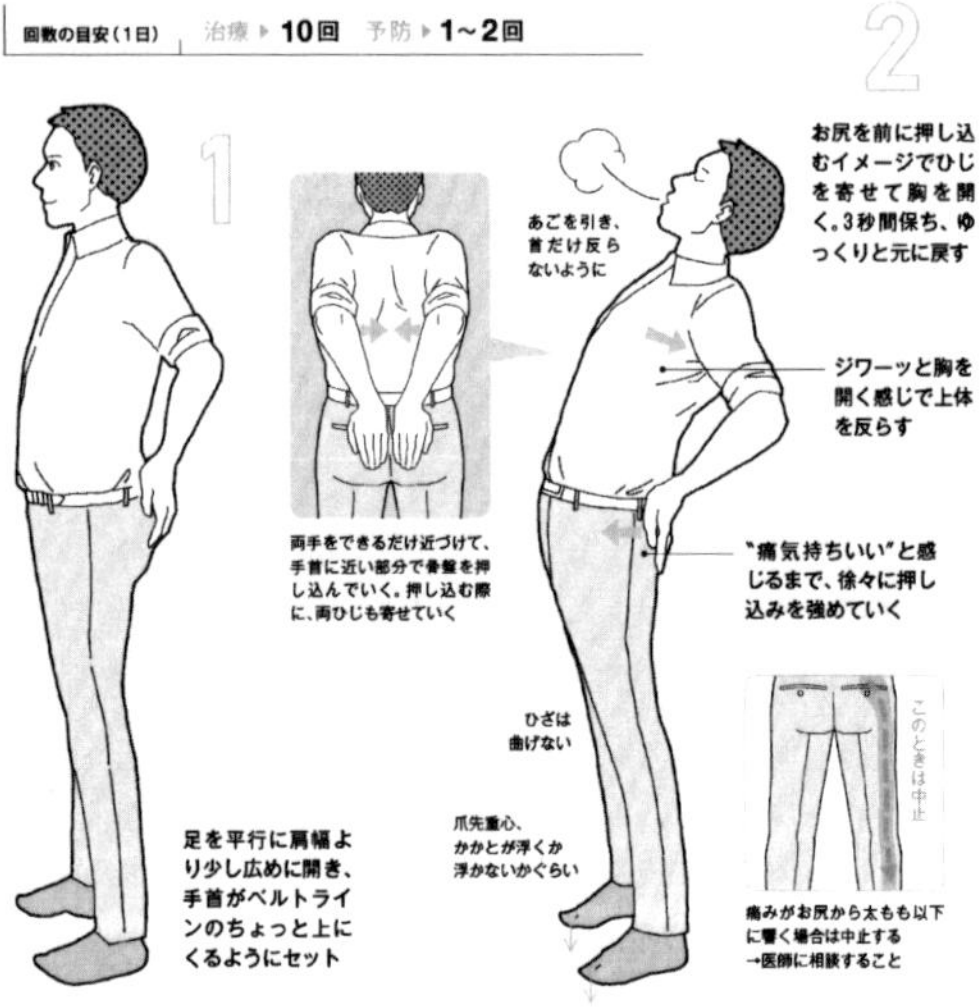
1
足を平行に肩幅より少し広めに開き、手首がベルトラインのちょっと上にくるようにセット
両手をできるだけ近づけて、手首に近い部分で骨盤を押し込んでいく。押し込む際に、両ひじも寄せていく
2
お尻を前に押し込むイメージでひじを寄せて胸を開く。3秒間保ち、ゆっくりと元に戻す
あごを引き、首だけ反らないように
ジワーッと胸を開く感じで上体を反らす
"痛気持ちいい"と感じるまで、徐々に押し込みを強めていく
ひざは曲げない
爪先重心、かかとが浮くか浮かないかぐらい
このときは中止
痛みがお尻から太もも以下に響く場合は中止する
→医師に相談すること

これだけ体操 横バージョン 腰を横に曲げる体操

腰の左右
どちらかに
違和感が
あるとき

回数の目安　2～3日に1回程度　左右両方行い、最後に基本の体操(右ページ)を

※左右でスムーズにできない側があれば、そちらだけさらに5回行う

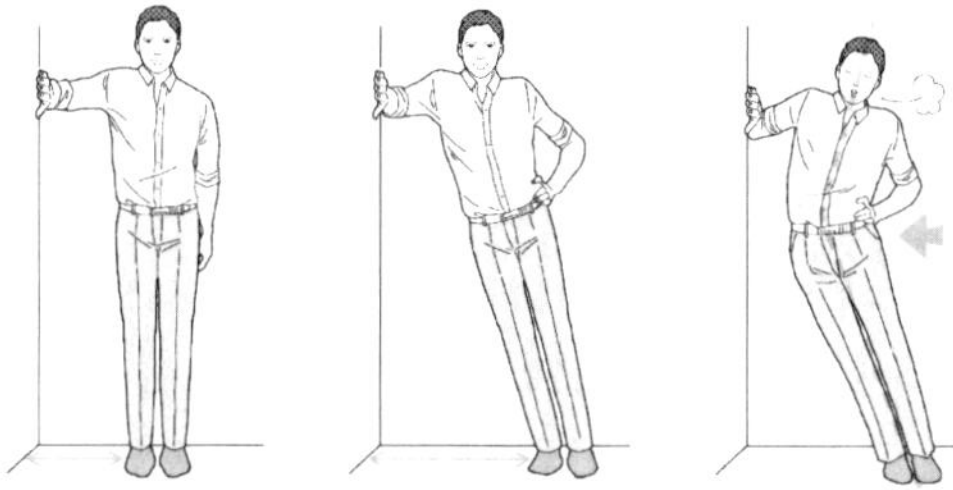

1 足元が滑らない場所で、肩の高さで手からひじまでを壁に付ける

2 両足を先ほどの2倍離れた位置に移動し、反対側の手を腰に当てる

3 腰を壁側にゆっくり「く」の字を意識して曲げ、5秒キープ。左右で同様に行う

普段からの意識が大事！「腰痛借金」をためないポーズ&体操

足を平行に肩幅より少し広めに開き、両手の中指を肩の骨に当てて胸を張る（ハリ胸）

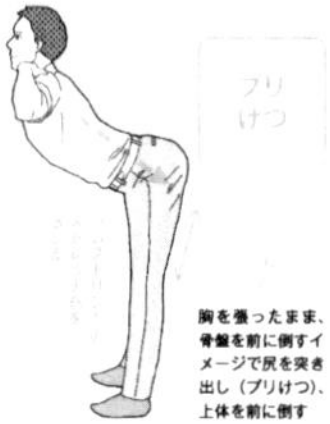

胸を張ったまま、骨盤を前に倒すイメージで尻を突き出し（プリけつ）、上体を前に倒す

ダラリと手を下げ、息を吐きながら、後ろのいすに座るイメージでゆっくりとひざを曲げる

恐怖回避思考に陥っている人にも、腰を動かすことへの不安や恐怖を克服するための方法として効果を実感しやすいのでお勧めである。

「腰痛借金」をためないための基本のポーズである「ハリ胸&プリけつ」も、普段の生活に取り入れていくことで、腰痛になりにくい姿勢を身に付けることができる。ついでの体操として、スクワットを丁寧に行うのも効果的だ。前かがみになったり、重い物を持ったりするときにも、これらのポーズを意識してひざを曲げれば、腰への負担の軽減が期待できる。

そして体操で何よりも大切なことは、これを読んで終わらず、まずは立ち上がって実践してみること！　実践しないことには何も始まらない。

デスクワークでは、パソコン作業などで腰に負担のかかる姿勢を長時間続けてしまいがちだが、意識的にブレイク（座位作業の中断）して、立ち上がって「これだけ体操」をやってみる。これを習慣化する。あるいは、業務のちょっとした合間、例えばコピー機の前でコピーが終わるのを待つときなどにやってみてはどうだろうか。

「腰痛借金」はたまる前にその都度すぐに返済することが腰痛の予防になる。また、腰痛の予防・改善もさることながら、将来のさまざまな健康被害を予防するためにも、「動かない」状態を避け、活動的になる仕掛けを日常的につくっていくことが重要だ。

松平　浩（まつだいら・こう）

1992年順天堂大学医学部卒業後、東京大学医学部整形外科教室に入局。2009年関東労災病院勤労者筋・骨格系疾患研究センターセンター長を経て、2016年から現職。19年夏、自身のコンセプト普及のため Bipoji Lab を開設。

肩・首の痛みはどこから来るのか

東京医科大学医学部 医学科臨床医学系 整形外科学分野 准教授・遠藤健司

「あぁ、肩がこってつらい」「首を回すと痛い」……。職場でため息交じりにこうした声が上がるのを聞かない日はないくらい、身近な症状である肩や首のこり。病気やケガなどで自覚症状がある人（有訴者）の数に関する厚生労働省の調査でも、「肩こり」は女性の第1位、男性の第2位となっている。腰痛とともに、肩こりは日本のビジネスパーソンを悩ます国民病だといってよいだろう。

「肩や首の『こり感』それ自体は我慢できないほどのものではなくても、それを不快に思う気持ちや、その他の精神的ストレスが、痛みの感受性を増幅させてしまう」と遠藤健司医師は言う。肩こりを放置した結果、抑うつ状態に陥ってしまうこともあるのだ。

そもそも肩こりとはどういう状態なのか、どのように対策すればよいかを、遠藤医師に聞いた。

負のスパイラルに陥るな

肩こりは一般に、「首の後ろから肩、背中にかけての筋肉のこり感（張り感、こわり感）を主体とした不快感の症候群」と定義されている。ざっくりした定義だが、この「こり感」はどのようにして発生するのだろうか。

首や肩の周辺には多くの筋肉が張り巡らされているが、中でもとくに影響力が大きいのが首の後ろから肩、背中までの広い範囲をカバーしている僧帽筋だ。パソコン作業などで同じ姿勢を長時間続けていると、主に僧帽筋が緊張して硬くなる。すると、筋肉の内圧が上がり、その中を走る血管が圧迫されるため、血行障害が起こる。

血流が悪くなると酸素や栄養分が十分に筋肉に運ばれず、疲労物質がたまっていく。

これが筋肉やその周辺の末梢神経を刺激し、痛みや張りなどの不快な症状を引き起こす。この痛みに反応して筋肉がさらに硬くなり……という筋緊張の悪循環の慢性化、これが肩こりの基本的なメカニズムである。

なお、肩こりの症状を悪化させるいちばんの原因は、「動かないこと」。首から肩甲骨にかけての筋肉は抗重力筋と呼ばれ、体を支えて姿勢を保つための筋肉なので、自分でよほど意識して動かさない限り、なかなか動きが取れないという特徴がある。動かないことにより肩甲骨と肋骨に癒着が起こると、筋肉の動きはよりいっそう悪くなっていく。

さらに、肩こりの不快感に対する感受性の上昇も、症状を悪化させる大きな要素となっている。「肩や首が痛い、つらい、不快だ」と思う気持ちが強くなると、実際はそこまでひどい状態ではないのに、脳の働きによって不快感をより強く感じてしまうようになる。仕事や人間関係などによる日頃の精神的ストレスも、この感受性の増幅に拍車をかける。

こうして、我慢できないほどではなかった肩こりが、いよいよ耐えがたく不快な状態になっていくと、今度は自律神経にも障害が出てくる。めまいや吐き気、頭痛、不眠、記憶力や集中力の低下などが起こり、これが続くと抑うつ状態になる場合もある。ここまでくると、日常生活が円滑に行えなくなることも。単なる肩こりと楽観してはいられない。

■肩こりのメカニズム

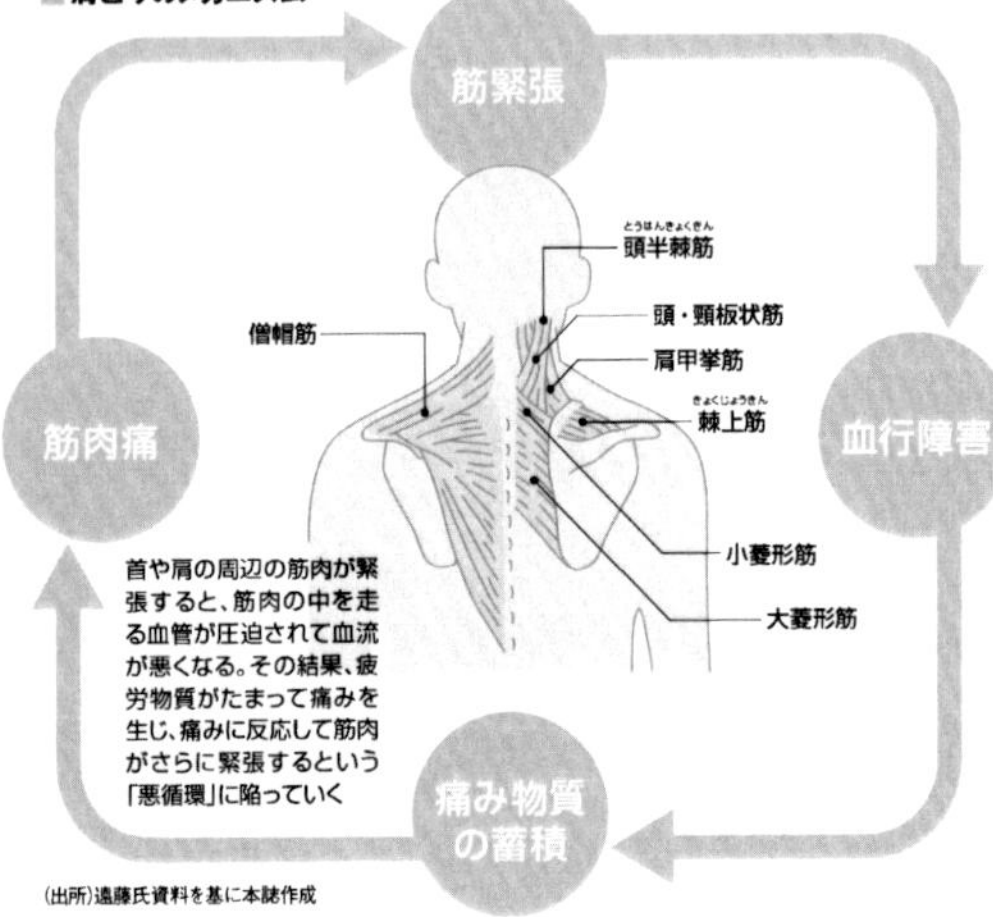
筋緊張
血行障害
痛み物質の蓄積
筋肉痛
頭半棘筋《とうはんきょくきん》
頭・頸板状筋
肩甲挙筋
棘上筋《きょくじょうきん》
僧帽筋
小菱形筋
大菱形筋
首や肩の周辺の筋肉が緊張すると、筋肉の中を走る血管が圧迫されて血流が悪くなる。その結果、疲労物質がたまって痛みを生じ、痛みに反応して筋肉がさらに緊張するという「悪循環」に陥っていく

(出所)遠藤氏資料を基に本誌作成

この肩こりの負のスパイラルに陥る前に、発生要因を一つひとつ取り除くことが、重要になってくる。肩こりを引き起こす要因はさまざまだが、大きく5つに分けられる。

①筋肉：筋肉それ自体の問題で起こる
②神経：神経組織が傷つくことで起こる
③ストレス：精神的なストレスが原因で起こる
④重大な病気：がんなどの重大な病気で起こる
⑤骨・関節：体を支えている骨組み（姿勢）の問題で起こる

（出所）『本当は怖い肩こり』

「筋肉」に由来する肩こりは、血行障害を生じやすい糖尿病や心疾患などの持病や、乱れた食生活、運動不足などの生活習慣が背景にある。持病の治療をしっかり行うのはもちろんのこと、体内のミネラルバランスの乱れは筋肉疲労の原因となり、肩こりにつながるため注意が必要だ。

「神経」に由来する肩こりは、首から肩、背中にかけての神経組織が傷むことで引き起こされる。手術が必要な場合もあるので、基本的には整形外科の受診が必要だ。

そして「ストレス」。自律神経の働きが乱れ、交感神経が過度に刺激されることで、筋肉が緊張し、血行障害を起こしやすくなる。便秘・下痢、吐き気、眼精疲労、めまい、のどが詰まる感じ、胸の締めつけなどの自律神経症状が肩こりと関係があるとは気づかれない場合も多い。ストレス解消は何よりの肩こり治療になる。

頻度は低いが、「重大な病気」によって起こる肩こりもある。首の骨にできるがん（頸椎腫瘍）や肺がん、背骨の中を通る脊柱管の前方にある後縦靭帯が骨のように硬く厚くなってしまう靭帯骨化症、頸椎の間でクッションの役割を果たす椎間板が破れて飛び出してしまう頸椎椎間板ヘルニア、胆のう炎などの感染症が挙げられる。

じっとしていても痛みがあったり、リラックスしている状態でも肩こりがどんどん悪化したり、手足の動きが悪くなったりした場合は要注意。単なる肩こりと思ってやり過ごしていたら命に関わる病気だった、ということもある。速やかに整形外科を受診してほしい。

肩こりの要因の中で最も注目したいのは「骨・関節」。このタイプの肩こりは多くの場合、姿勢に問題があるために起こる。デスクワーク中心のビジネスパーソンでは最も多く見られるタイプだ。

例えば、パソコン作業などをしていると、いすの背もたれに体重を委ねるような座り方になり、猫背で顎を突き出すような姿勢を取ってしまいがちだ。こうした姿勢では首の骨（頸椎）だけで頭の重さを支えるのが難しくなり、首や背中の筋肉への負担が増えて、痛みを生じる原因になる。

頸椎は本来、やや前方に緩やかなカーブを描いているものなのだが、前かがみの姿勢などを日常的に続けることで直線状になってしまったのが、近年急増している「ストレートネック」。これも首や背中の筋肉への負担を増大させてしまう。

また、スマートフォンを片手で持つことによる偏った姿勢は、首の痛みを引き起こしやすいという研究結果もある。もともと頭の重さは体全体の約１０％を占めており、例えば体重５０キログラムの人の場合、頭は５キログラムほどにもなる。５キログラムの米袋の重さを想像すれば、これがそうとう重たいということがわかるだろう。

ただでさえ、首の付け根には大きな負担がかかっているところに、片手でスマートフォンを持って30度の前傾姿勢を取った場合、その3倍の重さの負担がかかることになるという。もちろん人間の体はその程度の負担は許容できるようになっているのだが、長期間、持続するとなるとさすがに影響が出てくる。「動かない」まま無理のある姿勢を取り続けることこそが痛みを生じる原因ともいえる。

スマートフォンを片手で操作する際は、なるべく画面を顔に近い位置まで上げ、脇を締めて、スマートフォンを持つ腕のひじをもう片方の手で支えるようにするのが理想の姿勢だ。このとき、片方だけが疲れないように、持つ手を小まめに替えるとよい。

肩甲骨の位置がずれることで起こる肩こりもある。肩甲骨は僧帽筋によって吊り上げられているので、肩が下がると僧帽筋が肩甲骨に引っ張られた状態になり、過剰に負担がかかってしまう。なで肩の人は肩こりになりやすいといわれるのは、体形として肩が下がっているためだ。

「動くこと」が大事

正常な鎖骨は左右が少し斜めに上がったV字状態だが、肩甲骨の位置が下がっている人は鎖骨も下がり、一直線の水平状態になっているように見える。これを「下がり鎖骨」と呼び、肩が下がるので筋緊張が生まれやすい。

また、鎖骨の下には血管や神経が通っているため、下がった鎖骨によって血管や神経が圧迫され、手が冷えたり、しびれがきたりすることがある。「胸郭出口症候群」と呼ばれ、とくに下がり鎖骨の人に起こりやすい。肩こりの症状の悪化にもつながるので、鏡を見て自分の鎖骨が水平の状態になっている場合は、一度整形外科を受診してほしい。

肩こりといっても、人によって要因や具体的な症状はさまざま。まずは自分の肩こりのタイプを知り、状況に応じた対策を行うことが大切だ。次の「肩こり要因チェックリスト」で自分の肩こりの主な要因は何なのかを確認してみよう（「神経」や「重大な病気」にチェックが入った人には、整形外科の受診を勧める）。

肩こり要因チェックリスト

5つの要因の中で、最もあてはまる数が多いものが、あなたの肩こりを引き起こしている主な原因と考えられる。ほかに該当する項目も、メインではないものの、あなたの肩こりに影響を与えている。

【筋肉】

・以下の病気を1つ以上持っている（心臓病・糖尿病・膠原病・筋疾患・甲状腺疾患）
・よく足がつる
・最近運動不足だと思う
・インスタント食品をよく食べる
・あちこちの筋肉がこわばりやすい

【神経】

・時々、手指に痛みやしびれを生じる
・腕や手に力が入りづらい
・吊り革につかまっていると手がしびれてくる
・よくつまずいたり、転んだりする
・頻尿、尿意切迫感あるいは残尿感がある

【ストレス】

・最近やる気が出ない
・職場や学校、家庭でストレスが増えている
・睡眠不足である
・いろいろなことに自信が持てない
・メンタルクリニック、心療内科に通っている

【重大な病気】

・首を動かすと痛む
・夜間や安静時に首の痛みが出る
・首回りのリンパ腺が腫れている
・がんの既往がある
・顔色が悪いとよく言われる

【骨・関節】

・なで肩（鎖骨の外側の端が内側よりも下がっている）と言われたことがある
・肩の高さが左右で違う
・ストレートネックなど頸椎（けいつい）の異常を指摘されたことがある
・猫背だと言われたことがある
・頭が平均よりも大きいと思う

（出所）『本当は怖い肩こり』

繰り返しになるが、肩こりの症状を悪化させるいちばんの原因は「動かないこと」。デスクワーク中心の仕事環境では、体にとって無理のある姿勢を長時間続ける場合が多く、筋肉の緊張と疲労を悪化させてしまう。要するに、筋肉を酷使して疲労させるだけで、ほぐして休ませる作業が圧倒的に足りていないのだ。

例えば、両手を頭の上に乗せる、胸の前で腕を組む、いすのひじ掛けなどにひじを掛けるといった動作は、肩甲骨が下がるのを予防することにつながる。背筋を伸ばしたまま、少し力を入れて顎を10秒程度押す「顎引き訓練」も悪い姿勢のリセットに効く。30分に一度、意識的に仕事の手を止めて、同じ姿勢を長く続けないようにすること、体を小まめに動かすこと。肩こりには「動かないこと」が何よりもよくない。

次図では「肩甲骨剥がし」体操を紹介している。肩こりを解消しようと肩を手でもむ人が多いと思うが、深いところの筋肉の癒着を剥がすためには相当な力が必要になり、かえって表面の筋肉を傷めてしまいがちだ。ならば動かしたい筋肉がくっついている骨を動かそう、というのがこの体操のコンセプトだ。ぜひ、仕事の合間に行うことを習慣づけてほしい。

遠藤健司（えんどう・けんじ）
1988年東京医科大学卒業。92年同大学院整形外科修了、米国ロックフェラー大学ポスドクとして留学（神経生理学を専攻）。95年東京医科大学茨城医療センター整形外科医長、2007年東京医科大学整形外科講師を経て19年から現職。

肩こり・首こり解消で評判

「肩甲骨剥がし」で肩も心も軽やかに

まずは肩甲骨の動きをチェック

❶ 壁に付いている状態でまっすぐ立つ

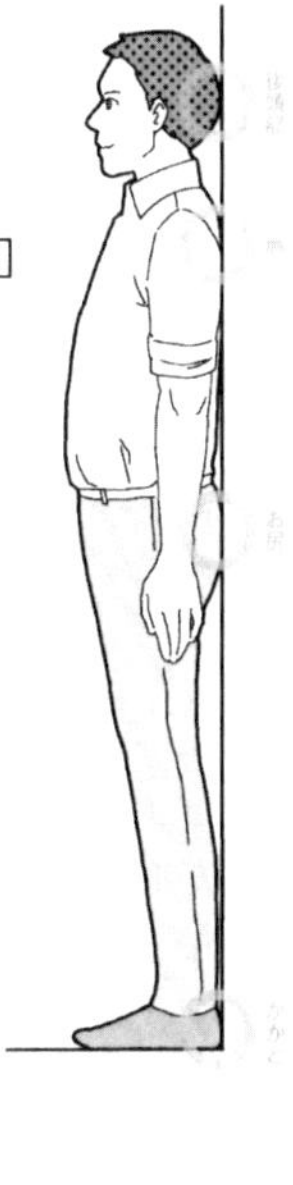

❷ 腕が壁から離れないように、ひじを伸ばしたまま痛みを感じず上げられるところまで上げていく

上げられた角度で判定

問題なし

肩甲骨の可動域が十分に保たれ、しっかりと動いている、この状態をキープできるように

少し硬い

肩甲骨の周りがやや硬く、動きにくくなっている。左ページの「肩甲骨剥がし」体操で早めの対策を

カチカチ

肩甲骨の動きが悪くなっている「ガチガチ」状態。今すぐに「肩甲骨剥がし」体操をやろう

ガチガチになった
肩甲骨周辺の筋肉を〝剥がす〟！

1
手は鎖骨あたりで軽く握り、
両ひじを上げられる範囲で
肩より上に上げる
上から筋肉を絞り込むように
2
できるだけ両ひじを下げ
ないようにして、ゆっくり
と後ろに引く
肩甲骨の間をぎゅっと締める
3
肩甲骨の間を寄せて、
肩甲骨を〝剥がす〟イ
メージでひじを下げ、
脱力する

大半は医者に行く前に改善できる

「快眠戦略」を立てよう

ハイズ社長　医師・医学博士・裴　英洙

「睡眠こそ最強のビジネススキルである」。医師で医療機関再生コンサルティング会社も経営する裴英洙（はいえいしゅ）氏はそう話す。その真意は?

優秀な人ほど眠りは短い

日本人は世界的に見て睡眠時間が短い。経済協力開発機構（OECD）が2014年に実施した国際比較調査（各国15〜64歳の男女の睡眠時間比較）によると、最長である南アフリカの9時間22分に比べ、日本人は男女ともに8時間未満。世界主要

29カ国中でも韓国に次いで2番目に短い。17年に行われた総務省の調査でも、全国の平均睡眠時間（土日を含む10歳以上の週平均）は7時間42分だった。

実際、外来患者として訪れるビジネスパーソンに私が医師として「よく眠れているか?」と尋ねると、多くの人から「寝不足で疲れが取れない」「眠気で仕事に集中できない」「寝つきが悪い」といった答えが返ってくる。

背景としては、優秀なビジネスパーソンほど仕事に追われ、睡眠時間を削らざるをえないといった環境が挙げられる。ネットの普及で「常時オンライン状態」になったので、時と場所を選ばずに仕事ができる。日常生活を振り返ってもスマートフォンやSNS（交流サイト）の浸透で生活の夜型化は進むばかりだ。

睡眠に対する意識の低さも問題だ。海外で睡眠教育は珍しくないが、日本は学校や社会で学ぶことはない。ビジネスパーソンも、仕事のスキル・ナレッジには敏感だが、睡眠を含めたフィジカルスキルに関心が低いのは残念な話だ。ところが、快眠は体調を整え、翌日のパフォーマンスを最大化するための重要な要素であることは間違いない。ノウハウを紹介しよう。

睡眠の悩みを抱えている人の多くは、自身が「不眠症」だと思い込んでいる。次に挙げた4つの症状に当てはまり、日常生活に支障を来す状態であるなら、専門医を頼ってほしい。

不眠症の4つの症状

どれかに当てはまるなら「不眠症」を疑うこと！

①寝つきが悪く、なかなか眠ることができない↓入眠障害
②眠りが浅く、途中で何度も目が覚めてしまう↓中途覚醒
③早朝に目が覚めて、それ以降眠ることができない↓早朝覚醒
④長時間寝ているのに、ぐっすり寝た感じがしない↓熟眠障害

一方で「自称不眠症」のケースもある。睡眠不足は不眠症ではない。夜中までベッドの中でスマホを見続けている、カフェイン摂取など、生活習慣が原因かもしれない

し、肩こりなどの体の不調が眠りを妨げていることもある。これらは結果としての不眠であり、病気としてのものではない。生活や心身状態の改善で脱することができる。眠りに対する悩みの9割は、正しい知識を基にした行動変容で解決する可能性がある。

不眠の原因を探る4つのチェックリスト

以下のどれかに当てはまるなら、カウンセリングを受けたほうがよい。

①悩み・不安など精神的な理由
②痛み・かゆみなど身体的な理由
③必要以上の睡眠を取ろうとする
④不適切な時間帯に眠ろうとする

精神的な理由で眠れないなら、それを取り除く必要がある。悩みや不安の原因が自分でコントロールできるなら、いっそ割り切って、考えない手もあるだろう。ただし、不眠はうつ病などメンタル疾患の初期症状としても現れやすいので、医師のサポートを受けたい。

痛みやかゆみの場合は、肝臓系の疾患や服用中の薬の副作用、寝具が合っていない、布団にダニが繁殖しているといったことも。セルフチェックが難しい場合は、やはり専門家の出番だ。

必要以上の睡眠を取る、不適切な時間に眠ろうとした結果、夜に眠れない場合は、テクニカルな調整で改善されるケースが多い。そこでお勧めするのが、「快眠戦略」だ。後の図は私も実践するモデルケースだが、「肉体的」「精神的」「神経的」の3つの疲れを意識して、よりよい眠りに誘うコツを日常生活に取り入れている。

【肉体的疲労】筋肉を動かすためのエネルギーが不足した「体の疲れ」
【精神的疲労】人間関係や悩み事などが原因の「心の疲れ」
【神経的疲労】目の神経や脳の緊張した状態が原因の「頭の疲れ」

「夜」からスケジュールを立てているのは、良質な睡眠が翌日のパフォーマンスを左右するからだ。前日夜からマネジメントすると、スムーズな眠りにつなげやすい。まずはこういった戦略で臨むことだ。

裴　英洙（はい・えいしゅ）

金沢大学第一外科（現・心肺・総合外科）、市中病院勤務などを経て、慶応ビジネス・スクールで医療政策・病院経営について学ぶ。現在は臨床業務と医療機関の経営支援、医学アドバイザー業務などを行っている。著書に『一流の睡眠』など多数。

「夜」から1日をスタートさせると快眠戦略が立てやすい
—ビジネスパーソンの「快眠戦略」モデルケース—

20:00　取引先と酒席 ＜ お酒と同量の「チェイサー」を飲む

22:00　解散、電車に乗り帰宅 ＜ 座席には座らない

23:00　帰宅後、翌日の準備

24:00　短めのシャワー ＜ 上がったら家の照明は暗くする

25:00　就寝

· · · · · · · · · · · · · · · · · · · ·

6:30　起床 ＜ スポーツドリンク→熱めのシャワー→朝食→快便の流れで覚醒

7:00　出発～最寄り駅到着 ＜ 意識的に日光を浴びる

8:30　出社～ホットコーヒー ＜ カフェインで覚醒効果を得る

9:30　会議・プレゼンテーション

12:00　ランチ ＜ 大盛り・おかわりは避ける

13:45　打ち合わせに出発

14:00～14:20　移動電車内で仮眠 ＜ 小睡眠でパフォーマンスアップ

14:45～15:30　取引先と打ち合わせ

16:00　カフェで雑務＆ホットコーヒー ＜ 1日最後のコーヒーにする

16:30　帰社～ミント系のガムをかみながら雑務

17:00　デスクで軽食 ＜ 片手で食べることができ席を立つ必要がないものにする

20:30　コンビニで夜食 ＜ うどんやバナナなど消化のよいものを選ぶ

22:30　退社 ＜ 1駅歩いて疲れをためる

23:30　帰宅～自分だけの「入眠儀式」へ

睡眠の質を上げる9つのステップ

睡眠の質を上げるにはビジネスと一緒で、「ファクト（現状把握）」「イシュー（課題抽出）」「ソリューション（課題解決）」の3段階でアプローチをかけると効果的だ。この流れをくむことにより、快眠戦略に取り入れるテクニカルな睡眠調整が具体化してくる。

ファクトとは、「睡眠時間の見える化」のこと。具体的には日々の就寝時刻と起床時刻、睡眠時刻をスマホや手帳に記録する。次いでイシューでは、翌日のパフォーマンスがどうなのか、課題を抽出していく。「寝不足なら仕事に手がつかない」「遅くまで飲み二日酔いで体がだるい」といった点がわかれば、「平日は遅くとも何時には寝る」「お酒は何時まで」などのソリューションにつながる。まずはシンプルな手法の繰り返しから始めることだ。いきなり手の込んだことを始めても、三日坊主になりかねない。

睡眠スケジュール法

そこで、本気で睡眠習慣を改善したい人向けの「9つのステップ」だ。医師も指導する「睡眠スケジュール法」という不眠治療の1つで、必要な睡眠時間を確保しながら、布団の中で眠れずに過ごす時間を減らすことを目的にしている。流れを紹介しよう。

① 睡眠ログをつける

まずは2週間睡眠ログをつけて、平均睡眠時刻を算出。それを「目標睡眠時間」とする。

② 「起床時刻」を決める

起床時刻を決めることで、睡眠の大枠を定める。

③「起床時刻」から「目標睡眠時間」を引いて「就寝時刻」を決める

最初はゆとりを持たせて「平均実質睡眠時間 ＋ 30分」を目標としても構わない。

④「眠くなったとき」か「就寝時刻になったとき」のみ布団に入る

眠気が出てきたら我慢しないで就寝しても構わない。

⑤布団に入り15分経っても寝つけない場合は思い切って寝室を出る

寝つけないなら寝室を出てほかの部屋で音楽を聴いたり読書をしてリラックス。

⑥再度眠気が訪れたら布団に入る

ステップ⑤～⑥は何度繰り返してもOK。眠くなれば就寝。

⑦「起床時刻」には必ず起きて布団を出る

目が覚めたら朝日を浴びて、体内時計をリセットする。

⑧ステップ②～⑦を1週間続ける

繰り返すことで習慣化する

⑨睡眠効率が上がったら「目標睡眠時間」を少しずつ増やす

睡眠ログを使い1週間の睡眠効率を計算。85%なら合格ライン。

「睡眠ログ」は先述のとおりで、就寝・起床の時刻と実際の睡眠時刻を記録する。これを2週間つけ、睡眠時間の平均を算出し、「目標睡眠時間」とする。また、この睡眠ログには、「目覚め感」や「日中のパフォーマンス」を◯△×で表したり、「前日の行動」「起床前の行動」も書き加えておくといい。例えば、目覚め感がよく日中のパフォーマンスが高い日の前日にウォーキングをしていたら、習慣化するといった具合だ。

次は起床時刻を決める。夜の何時に眠れるかは朝起きたときに決まるからだ。人は起床後15〜16時間後から睡眠ホルモンのメラトニンが分泌されはじめ、その1〜2時間後に眠たくなる。さらに、起床時刻から目標睡眠時間を引いて就寝時刻を決める。仮に起床時刻が7時で目標睡眠時間が7時間なら、午前0時が就寝時刻だ。最初は余裕を持って、「平均睡眠時間 ＋ 30分」を目標睡眠時間にしても構わない。ここまでで、睡眠のプランニングが形になる。

ステップ④からは睡眠の質を上げるための実践編だ。夜に眠気が出てきたときが最良のタイミングで、決めた就寝時刻より前に床に入ってもいいし、設定時刻が訪れたら必ず布団に潜り込む。

ただし、15分経っても寝つけないなら寝室を出て、音楽を聴いたり読書したりして、リラックスしてみる。再度眠気が襲ってきたら、再び布団に入ればいい。1晩のうち、ステップ⑤と⑥は何度繰り返しても問題はない。

ただし、翌朝の起床時刻には、必ず布団から出ること。二度寝はお勧めしない。起床時刻に起きることが、夜の睡眠の質向上につながるからだ。

そして、ステップ②~⑦を1週間続けたら、寝床にいた時間のうち、実際に眠ることができた時間の割合である「睡眠効率」を算出する（計算方法は次章Q＆Aで紹介）。合格ラインは85％以上だが、達成できた場合は就寝時刻を15分早める、80~84％なら同じ時刻を継続、80％未満なら就寝時刻を15分遅らせる。次いで、再びステップ④~⑦を繰り返すと、徐々に布団の中にいても眠れない時間は減り、最適な睡眠時間の傾向が把握できるようになる。

9つのステップを行うときは、仕事、趣味、日課などを通じて疲れをためることを心がけ、日中や夕方に眠たくなっても昼寝は避けること。本来、短時間の昼寝はパフォーマンスを上げるために効果的だが、睡眠スケジュール法の実践中に限ってはお勧めできない。昼間に起き続けることで睡眠欲求が高まり、寝つきがよくなるためだ。

入眠儀式を確立させる

私の場合、次図に挙げた「入眠儀式」を取り入れることで、スムーズな眠りをかなえている。夕食後はカフェインを摂取しないし、仕事のメールチェックは最小限、22時になると廊下以外の照明も落とす。個人的には白湯は体の内部を温めるので眠気を誘うのにちょうどいい。戸締まりを確認することで1日が締めくくられ、「寝る」という気持ちになるのだ。自分なりの儀式を確立していく。

ベストな「入眠儀式」を確立する

裴氏の場合、以下のような
入眠儀式を心がけている

運動	6時～6時30分
日中は仕事に集中	
夕食	18時30分～19時30分（以降はコーヒーを飲まない）
入浴	20時～20時30分
テレビ、読書など	仕事のメールチェックは10分間のみ
消灯	22時（暖色系の廊下照明以外の明かりを消す）
歯磨き&トイレ	洗面所は消灯のまま
白湯を飲む	
戸締まり確認	
着替え	
就寝	

今すぐやめるべき
睡眠前5つの悪習慣

① 布団の中でスマホを見る
② 寝る前にカフェインをとる
③ 帰路、電車内でうたた寝する
④ 帰宅直前にコンビニで買い物
⑤ 夕食で大食いする

睡眠前の悪習慣にも触れておこう。カフェインは安眠の大敵であるし、帰宅途中のうたた寝は帰宅後に睡眠リズムを崩してしまう。翌朝の目覚めは悪くなり、ウトウトした状態で仕事が始まり、またもや帰宅中に寝てしまう悪循環になりかねない。帰宅中や就寝前にコンビニで買い物をするのを避けるのは、照明が明るすぎるからだ。光の刺激でメラトニンが分泌されにくくなり、入眠のタイミングが遅れてしまう。買い食いをしても胃に負担がかかり寝つきも悪い。スマホから出るブルーライトはメラトニンの分泌を抑制し、コンテンツは面白くクリックを誘うので目が冴えるだけ。布団の中で見ないのはもちろん、就寝2時間前からシャットアウトする。

なお、睡眠ログは継続していきたい。つねに自身の睡眠傾向を可視化しておくと、不眠や目覚め感、パフォーマンス改善のヒントを見つけ出すことができる。

もちろん、この方法でもよくならなかったら専門医へ相談していただきたい。

快眠のために知るべき基礎知識

ここからは、快眠のためにビジネスパーソンが知っておくべき基礎知識をQ&A形式で紹介する。いくつか実践的なノウハウも取り上げたので、眠りの質を高め日中のパフォーマンスを最大化するためのコツとしてご活用いただきたい。

【Q】一般的にいわれる8時間以上の睡眠は必ず取るべきか

【A】「睡眠は1日8時間以上必要」という説は正しくはない。5時間睡眠で快調の人もいれば、9時間寝ても足りない人もいる。睡眠には絶対的な正解はなく、それは人それぞれで異なる。

一般論やメディアの情報に惑わされることなく、先の睡眠ログや睡眠スケジュール法を実践し、自分に最適な時間や取り入れるべき習慣を見つけ出す必要がある。

【Q】すっきり目覚めるため90分サイクルを意識すべきか

【A】睡眠中は浅い眠りの「レム睡眠」と深い眠りの「ノンレム睡眠」が繰り返し、レム睡眠中はすっきり起きることができる。両者は90分サイクルで回っていて、「睡眠時間は90分単位で考えるとよい」といわれるが、これにも個人差がある。

90分はおおよその目安にすぎず、睡眠ログでレム睡眠のタイミングを見極めるなど、目覚めのよい時間帯を見つけるべきだ。

【Q】心地よく眠るにはどの程度の運動を心がければいい？

【A】自然な睡眠へ導くことを「睡眠圧が高まる」という。日中の覚醒度を上げて活発に過ごすと睡眠圧は高まる。そのために運動は効果的だが、ポイントは帰宅時に自宅の1～2駅前で降りて歩くなど、軽い内容にとどめておくことだ。

腹筋を100回するなどハードなトレーニングだとアドレナリンが分泌され、寝つきは悪くなってしまう可能性が高い。心地よい疲れを意識することだ。

【Q】自分の睡眠効率を計算するには？

【A】睡眠の質を高める方法の1つに「睡眠効率」という考え方がある。これは、布団に入り横になっている時間に対して、実際にどのくらい眠れているか示す割合のことだ。

計算方法は次のとおりだが、一般的な人が目指す合格ラインは85％以上とされている。この水準をクリアすると目覚めはすがすがしく、日中の集中力や記憶力は上がる。定期的にチェックしてほしい。

睡眠効率を知ると改善策につながる
—睡眠効率の算出方法—

$$\frac{\text{実質の睡眠時間（大体でOK）}}{\text{横になっていた時間}} \times 100$$

〈例〉
- 実質の睡眠時間＝6時間
- 横になっていた時間＝8時間

$$\frac{\text{6時間}}{\text{8時間}} \times 100 = 75\%$$

合格ラインは「85%以上」

すっきり目覚めるための5つのポイント

これらを実践することで体内時計が
リセットされ目覚めがよくなる！

① 歯磨き・通勤中は「日光の当たる位置」をキープ
② 目覚まし時計は「置く場所」を考える
③「レム睡眠」の時刻に目覚ましをセット
④ 早朝にポジティブなTo Doを用意する
⑤ 布団から出られれば二度寝もあり

【Q】すっきり目覚めるために押さえておくポイントとは?

【A】先の図にも示したが、朝日には目覚めを促す効果があるので、歯磨きや通勤時は日光を浴びること。あるいは、レム睡眠に合わせて目覚まし時計をセットするのもよい。そのときは、時計を布団から離れた手の届かない場所に置くと、おのずと布団から出られる。朝活をするなど楽しみなＴｏＤｏを用意すれば、起きるモチベーションにもなるだろう。

【Q】週末の寝だめは翌週の体調回復に効果を発揮する?

【A】週末に長く寝ると体調が回復することはあるが、それは寝だめではなく、平日の睡眠不足を補っているにすぎない。これを「借金」とすれば、週末に返済しているだけだ。むしろ、休日に夕方まで寝ると生活のリズムが乱れ、かえって翌週の睡眠に悪影響を及ぼすことがある。基本的には平日や週末を問わず、一定のリズムをキープするのが望ましい。

【Q】休憩時間に昼寝をすると本当にすっきりする?

【A】可能なら昼寝をすればよい。食事を取ると目を覚ます効果のあるホルモン「オレキシン」の分泌が抑制され、眠たくなってしまう。そういったときは昼寝をすること。ただし、20分以上寝ると脳が熟睡モードになるので、時間は20分以内が目安。残り5分は覚醒して仕事モードに戻る時間とし、合計25分を充てるとよい。

【Q】二日酔いを回避するためにできることとは?

【A】飲み会のときは、アルコールと同量のチェイサーを飲むこと。血中アルコール濃度が下がり、早くさめやすく水分補給にもなるので、深酒による寝苦しさが軽減する。二日酔いになった場合は、体に吸収されやすいスポーツドリンクで体内の水分を補い、有害物質のアセトアルデヒドの分解に役立つ、バナナなど糖分の多いものを積極的に取ることだ。

【Q】深夜のシメ飯は睡眠にとって悪影響？

【A】飲み会の後は、ラーメンなどシメの食事を食べたくなる。肝臓でアルコール分解が始まると糖分などが不足するためだ。ところが、夜遅くに食事をして布団に入ると胃から食道に胃酸が逆流して胸やけなどの症状が起き、消化器官に負担もかかるので眠りの妨げになる。3回に1回など、徐々に回数を減らしていきたい。

【Q】睡眠不足ならサプリメントに頼るべきか

【A】現在は医師の処方箋がなくても薬局で購入できる市販の睡眠薬や睡眠導入効果があるサプリメントが手に入る。ただし、睡眠薬は一過性の不眠には有効だが、連日使用すると効果が薄れることも。サプリメントも有力な科学的根拠は出そろっていない。重度の不眠なら専門医を頼ることだ。

30代から急加速！　肌老化の2大要因

マンダム基盤研究所　生理解析研究室　研究員・山口あゆみ

仕事で人に会うとき、相手に少しでもよい第一印象を抱いてもらいたいもの。では、印象の良しあしを判断する際、人は相手のどこを見ているのか。体型、服装、髪形に次ぎ、意外とチェックしているのが、顔の肌である。

女性と違い、多くの男性はすっぴん状態で人前に出るため、ありのままの肌が相手の視線にさらされる。ミドル世代の読者の中には、「最近、肌の衰えが気になってきた」という人もいるのではないか。男性の肌の老化対策について、マンダム基盤研究所の山口あゆみ氏は次のように解説する。

毎日の習慣づけで改善

私が勤務するマンダム基盤研究所は、15年前に男性の肌に関する研究を始め、1400人分の皮膚データを蓄積してきた。ここからわかってきたのは、老化による肌の変化が、その人の印象にネガティブに働くことだ。

こんな調査結果がある。同一人物（男性）の10年前と現在（29歳～53歳の15名）の顔画像を男女92人に見てもらい、22項目にわたる印象評価をしてもらった。結果、10年前比で増していた印象は、上位から順に「疲れている」「イライラしている」「神経質そう」「ケチそう」だった。「ダンディー」「仕事ができそう」「知的な」などの印象も増加しており、貫禄が出てきた、ということかもしれないが、残念ながら増加度は前の4つより低かった。

一方、10年前より減っていたのが、上位から「若々しい」「明るい」「親しみやすい」「健康的な」印象。その人の性格や心理状態にまつわる印象まで悪化しているのが特徴的だ。

肌が老化すると、具体的に何が、どう変化するのだろうか。

まず、目元のシワが目立ってくる。目頭の下から伸びるブルドッグのようなシワ、目尻のシワなどが代表格だ。４０代から急に目立ち始め、その後どんどん深く刻まれていく。

さらに、男性に特徴的なのが、肌の色が赤黒くなること。われわれの調査によれば、「若々しい」という印象は肌の明るさに左右されるため、老け込んだ印象を与える大きな要因だと考えられる。女性の場合は黄みが増していく。

私が「メロンパン肌」と例えている、頬から顎にかけての表面の凹凸も増加する。この部分の肌は、乾燥し、押しても弾力が感じられなくなっている。

極め付きは、おでこから鼻にかけての肌のギラつき。皮脂の量が同じでも、肌のきめがなくなることで、皮脂がテカテカと光って見えるのだ。老化した男性の肌を例えると、１つの島に油田と砂漠が併存しているようなもの。こうして顔はだんだんと「おじさん」に近づいていく。３０～４０代の間に、こうした変化が急激に進む。

肌の老化を何とか食い止め、欲をいえば「若返る」方法はないのか。シワを完全に消す、など劇的な変化を望むのなら美容整形のお世話になる必要があるが、毎日の習慣づけで改善することもある。

男性の肌の老化は、生理的な老化に、紫外線（UV）とひげそりによるダメージが付加されることで加速する。したがって、この2つのダメージを徹底的に低減することが、若返りへの近道だ。

20代と40代、男の肌はこんなに変わる

―同一人物の肌の経年劣化―

20代

頬の凹凸

肌の色

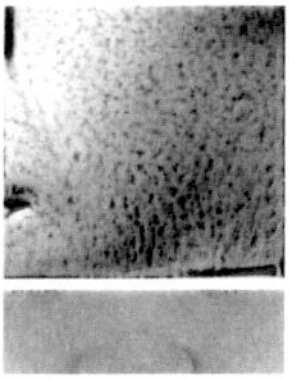

頬の凹凸

ひげそりで傷つき、乾燥した頬は、凹凸が目立つ「メロンパン肌」状態に

肌の色

加齢に伴い新陳代謝は低下。日焼け後、色が戻りにくくなり、赤黒い色に

40代

頬の凹凸

肌の色

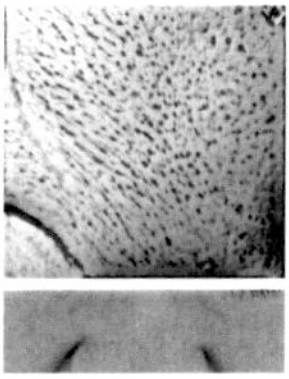

（出所）マンダム基盤研究所の研究成果を基に本誌作成

具体的には、以下の3つの習慣を毎日の生活に取り入れてみよう。

1つ目は、日焼け止めを塗ること。日焼け止めのパッケージには、紫外線防御指数を示す「SPF」が表示されており、高いほど効果は高い。ゴルフなど屋外で長時間活動する際はSPF50のものを選ぶと安心だが、その分、成分が肌に負担をかける場合もある。通勤や外回りなど、日常的な紫外線対策なら、30前後で十分だ。汗や摩擦で落ちてしまうので、外出前に塗った後、持ち歩いて塗り直そう。

「一度真っ黒に焼けても、冬になると自然に白くなっているから大丈夫」と油断している人は要注意。加齢に伴い新陳代謝が悪くなるため、日焼け後にだんだん戻りにくくなっていく。加齢とともに肌が赤黒くなるのはそのためだ。

2つ目が、ひげそりのときに刃を強く肌に押し当てないようにすること。ひげそりの際、ひげと一緒に肌の表面も削られる。削られた肌は再生しようとするが、そのたびに硬くゴワゴワしてくる。「メロンパン肌」はその末路だ。水で濡らしただけのT字カミソリで力任せにそるなど言語道断。ジェルを付けて、毛の流れに沿って優しくそろう。最近は、肌に優しいことをうたう電動シェーバーの品数も充実してきた。

ひげそり後は、すぐ保湿すること。女性が洗顔後に、化粧水、乳液、美容液と、何やら何種類も顔に塗っている様子を見たことがあるかもしれないが、初心者はまず、化粧水だけでもＯＫ。ドラッグストアでは、１０００円程度で男性用の化粧水が何種類か売られている。保湿感を足したいときは、化粧水の上に乳液を使うのもよい。乳液に日焼け止め成分が含まれているお手軽なものもある。

重ねた年齢から醸し出される貫禄と、「老け込んだ顔」は似て非なるもの。以上の３つを地道に習慣化することで、肌からの印象改善を始めよう。

（構成・印南志帆）

山口あゆみ（やまぐち・あゆみ）
大阪教育大学卒業。１９９５年にマンダム入社後、毛髪評価・官能評価などを担当。２００４年からスキンケアの基盤研究に従事。

「健康」が経営のカギ

従業員の健康は企業の競争力に直結する。社員の「健康づくり」に企業はどう取り組んでいるのか。

【三菱ケミカルHD】さまざまな健康情報を提供

三菱ケミカルホールディングス（HD）は「従業員が健康を保って、生き生きと働くことがグループ全体の生産性や創造性の向上に必須である」として、2016年に健康経営の推進を宣言した。具体的な動きがスタートしたのは17年。ICTを活用した健康サポートシステム「i2ヘルスケア」が始動した。

i2ヘルスケアでは従業員が装着するウェアラブルデバイスから得られる健康情報

が活用される。「日々の活動データ」に「健康診断のデータ」、勤務表に基づく「働き方データ」などが加わる。各従業員は端末上のマイページで、自分の健康状況をチェックできる。

ウェアラブルデバイスを利用する企業は増えているが、健診データや働き方データと統合して、社員に情報提供するのは珍しい。

プライバシーを重視

採用したウェアラブルデバイスは米フィットビット社製で腕時計型のもの。歩数や心拍数などで活動状況を測定し、睡眠は量だけでなく質も測定できる。

i2ヘルスケアの導入で同社が注意したのがプライバシーの保持だ。各自の健康データは本人しか見ることができない。会社は従業員全体の傾向を把握するだけだ。

例えば睡眠時間3時間未満の従業員が何人いるかわかっても、誰が3時間未満なのかはわからない。会社が特定の個人に「あなたは睡眠時間が少ないから気をつけなさい」と指示することはない。

個人が特定されることはないが、監視されているような感じがしてウェアラブルデバイスに抵抗感を持つ従業員はいる。そのため、同社ではデバイスは配るが、装着を強制することはしない。

また、健康情報を提供するだけでなく、さまざまなプログラムも用意している。ウォーキングイベントでは月間歩数に応じてポイントを付与し、上位者には福利厚生施設の宿泊券などの特典を与える。

「運動能力気づき研修」では、数種類の運動をすることでバランス、反射神経、敏捷性などを評価し、自分自身の運動能力を確認させる。工場では高齢化による筋力の衰えで転倒する人が少なくない。こうした研修は社員の安全を守るうえで重要だ。

i2ヘルスケアでは、働き方改革に関連したメニューも用意した。同社ではテレワークも本格導入している。

2018年には健康経営の推進に向けて、「いきいき活力指数」「働き方指数」「健康指数」の3項目をKPI（重要業績評価指標）に据え、その具体的な数値目標を定めた。健康経営を定量的に評価する仕組みを構築したうえで、その数値達成へ向かう。

（田宮寛之）

【ココネ】常勤の健康士、シェフがフルサポート

ランニングマシンに、サンドバッグ。板張りのスペースにはストレッチ用のマットが並び、ピラティスや筋トレ、瞑想のプログラムが1日10前後行われる。

フィットネスジムさながらの設備が目を引くこの空間は、アバターアプリ「ポケコロ」などを展開するココネ社内の一角だ。社員は就業時間中も、運動プログラムやパーソナルトレーニングを受けることができる。

東京、ソウル、仙台などで約400人の社員が働くココネでは、運動、食事など、社員の健康面を会社がフルサポートしている。「いい人材がいい職場環境で仕事をすることは事業成長の前提。自宅より長い時間を過ごす会社だからこそ『ここにいれば健康になれる』という状態をつくりたい」。健康関連の施策を統括する取締役の石渡

真維氏はそう話す。

同社のジム・デリ（社内レストラン）施設では健康士4人、調理担当者6人が社員として働く。

彼らがつねに社内に身を置くからこそできる施策も多い。健康面ではジムでのプログラム実施に加え、健康士が社内を巡回し簡単なマッサージやストレッチのレクチャーなどを即席で行う取り組みもある。デリチームも、社員ごとにアレルギーを把握し配慮したメニューを提供するだけでなく、体調の優れない社員にはおかゆを用意するなど至れり尽くせりだ。

社員の健康面のケアに力を入れる動きは、IT・ネット企業で顕著だ。成長産業であり激務になりやすいことや、一日中パソコンに向かうエンジニアの比率が高いなどの理由もある。楽天、DeNAなど、社員の心身の健康施策を統括する役員を置く企業も増えてきた。

【Zホールディングス（ヤフー）】「揚げ物税」を導入

Ｚホールディングス（ヤフー）も２０１６年、現在のオフィスへの移転をきっかけにＣＣＯ（チーフ・コンディショニング・オフィサー）を設置し、健康経営を強化している。

事業面でも「データの会社になる」（川邊健太郎社長）と打ち出しているだけあり、健康施策にもデータをフル活用する。好例は社内レストランだ。社員証に内蔵する電子マネー機能で利用動向を把握し、社員の摂取カロリーや栄養の傾向を可視化。データから見えてきた課題を踏まえ、専門チームがメニューの改善などを行う。

２０１９年１０月からは揚げ物料理の一部を値上げ（プラス１００円）し、その値上げ分を原資として魚料理を値下げ（マイナス１５０円）する「揚げ物税」も導入した。

今後の課題は、「社員に、会社から提供する施策に乗ってもらうだけでなく、健康管理を〝自分ごと〟と捉えて日々の生活を見直してもらうこと」（湯川高康ＣＣＯ）だという。２０〜３０代の従事者が多いＩＴ・ネット企業。社員の健康リスクを先送りしない取り組みが注目される。

（長瀧菜摘）

【タニタ】 社員証で歩数やカロリーを計測

体組成計メーカーとして抜群の知名度を持つタニタ。最近は国内7カ所で展開している「タニタ食堂」でもよく知られている。「健康」をキーワードにすると、すぐに思い浮かぶような企業の1つだろう。

事業の基盤をつくったのは先代社長の谷田大輔氏だが、「健康」を前面に押し出して成長を加速させたのは2008年に社長に就任した谷田千里氏である。自ら調理師・栄養士免許を取得しているという谷田社長は、健康増進のうえで「体重と筋肉量の変化」が大きな役割を果たすことに着目。社員の健康増進とメタボゼロを目標とする「タニタ健康プログラム」を2009年に開始した。

このプログラムは、体組成計と血圧計での計測、活動量計の配布とイベント実施、専門家による健康指導の3本柱からなる。

大きな特徴は、各社員の体に関するデータを「見える化」して、つねに意識させるようにしたことだ。活動量計はいつも持ち歩く社員証と一体化されているので、どこかに放置されることもない。1日の歩数と消費カロリーがしっかり計測される。

社員が社員証を読み取り機にかざすと、インターネット上の専用サーバーにデータが送られる仕組みだ。また、社内数カ所に設置されている体組成計や血圧計で計測されたデータも専用サーバーに送られて一元管理される。それらの確認は、本人や指導スタッフのスマートフォンやパソコンなどで行えるようになっている。

チームで健康づくり

さらにタニタでは健康づくりにちょっとした楽しみをプラスしている。

健康づくりは、周囲がいくら背中を押しても、本人がやる気にならないと、うまくいかないものだ。とくに健康が気になり始める年齢の人ほど、自分の不健康な部分を直視させられることを嫌い、できるだけ計測を先送りにしたいという心理が働く。

そのため、タニタで導入したのがポイント制である。歩数の記録やデータの計測によって、ポイントが加算されていく。そのポイントはネット通販などで利用可能な商品券に交換できる。

また、社員同士が互いに奨励し合えるよう、チーム制をとっているのも特徴の1つだ。最低限求められる2週に1回という頻度で計測しなかった場合、チームのメンバー全員にアラートメールが送られるので、「測ってください！」と注意されてしまう。1カ月間のチームの歩数を競うイベントも毎年実施している。

社長とチームを組んでいるという石戸谷達雄取締役によると、「社長といえども、遠慮なく注意される。チームビルディングの効果もあり仕事に役立つ」という。

社員の健康状態にも変化が見られる。プログラム開始前後の2008年と10年の医療費を比較すると、約9％の削減に成功している。2008年からの4年間で、BMIの適正値内に収まっている社員の割合は70％から75％へと上昇した。

健康に関するインフラを整備し、社員が日常の行動範囲で、手間暇かけずデータを測定・送信できるようにしたことが成功のポイントだろう。それが、社員の意識や行動を変えたのである。「日常の選択の積み重ねが健康をつくることになる。データの計測により、毎日の行動の選択がヘルシーなほうへと向くことに大きな意味がある」

と石戸谷取締役は話す。

（ライター・圓岡志麻）

【日立物流】 ドライバーの生体情報をＡＩで分析

ＡＩ（人工知能）とＩｏＴデバイスでトラックドライバーを守る。それが日立物流の開発したクラウドサービス「スマート安全運行管理システム」（ＳＳＣＶ）だ。独自の最先端システムで、ドライバーの健康と運転を管理する。

物流業界が抱える深刻な問題の１つがドライバーの高齢化だ。厚生労働省によれば、２０１８年の営業用大型貨物自動車運転者の平均年齢は４８・６歳、産業全体の平均よりも５・７歳上だ。高齢化に伴って、ドライバーの健康状態に起因する事故も増えている。国土交通省によれば、健康状態に起因する事故は１７年度に２９８件で、１３年度に比べ、２倍以上に膨らんだ。

そうした事故を未然に防ぐためにＳＳＣＶは開発された。開発を統括する執行役専務経営戦略本部長の佐藤清輝氏は「東日本営業本部長時代、運転に集中できていない〝漫然運転〟による事故が頻発した。原因はドライバー本人も気づかない慢性疲労にある。点呼時の健康確認や面談では見えてこないため、科学的なアプローチによる対策が不可欠だった」と振り返る。

これまで物流の現場でも、運転前の点呼時にアルコール検査や体温測定などは行っている。ただし「台帳に記入するだけでデータを活用できていなかった」（佐藤氏）。そこでSSCVは、測定機器のデータをクラウドと連携させ、ドライバーの生体情報を集約するシステムを構築した。

集められたデータはAIにより分析され、体の異常を自動的に検知できるという。「血中酸素濃度や疲労などがダッシュボードに表示されるので、ドライバーの健康状態が一目瞭然。外部の研究機関と共同開発しており、医学的にも信頼できる精度だ。点呼では判別できなかったドライバーの体調不良も確認できるので、事故を未然に防げている」（佐藤氏）

外部販売も計画

ＳＳＣＶは運転管理も担う。トラックに搭載した単眼カメラとドライブレコーダーにより、運転を動画で確認できる。急停止など事故の危険性がある運転は、ＡＩによって自動的に検知され、音声でドライバーへ注意されるだけでなく、管理者へも通知されるという。

危険運転時の映像はＡＩによって自動的に切り出される。「動画切り出しの精度は99・7％」（佐藤氏）と高い。切り出された動画は、運転後のドライバーの指導にも生かせる。ＳＳＣＶは、ドライバーの走行ルートと、その途中で起きたトラブルも一元管理している。危ない運転を短い動画で振り返れるので、管理者によるドライバーの評価にも役立っている。

ＳＳＣＶを導入してから日立物流では事故の発生件数が大幅に減った。佐藤氏は「事故がほぼゼロになったうえに、荒い運転がなくなったことで燃料費も1割減った。想定以上の効果だ」と語る。

19年度中の外部への販売も目指す。その前に日立物流グループ内で導入件数を増やし、年内に1000台以上への導入を進める。運転中のドライバーの生体情報の取得については「細かい調整も含めて、まだまだやるべきことはたくさんある」（佐藤氏）という。

現在、ハンドルカバー型心電計やシートカバー型心電計の実証実験を進めている。運転中のドライバーの心電波形を測ることで、リアルタイムで疲労度などを確認できるようになる。これは外販へのカギともなりそうだ。

（佃　陸生）

【週刊東洋経済】

本書は、東洋経済新報社『週刊東洋経済』2019年10月19日号より抜粋、加筆修正のうえ制作しています。この記事が完全収録された底本をはじめ、雑誌バックナンバーは小社ホームページからもお求めいただけます。

小社では、『週刊東洋経済eビジネス新書』シリーズをはじめ、このほかにも多数の電子書籍ラインナップをそろえております。ぜひストアにて「東洋経済」で検索してみてください。

『週刊東洋経済eビジネス新書』シリーズ

No.304　自動車　乱気流
No.305　不動産バブル　崩壊前夜
No.306　ドンキの正体
No.307　世界のエリートはなぜ哲学を学ぶのか
No.308　AI時代に食える仕事・食えない仕事

No.309　先端医療ベンチャー
No.310　最強私学　早稲田 vs. 慶応
No.311　脱炭素経営
No.312　5G革命
No.313　クスリの大罪
No.314　お金の教科書
No.315　銀行員の岐路
No.316　中国が仕掛ける大学バトル
No.317　沸騰！再開発最前線
No.318　ソニーに学べ
No.319　老後資金の設計書
No.320　子ども本位の中高一貫校選び
No.321　定年後も稼ぐ力
No.322　ハワイ vs.沖縄　リゾートの条件

No.323　相続の最新ルール
No.324　お墓とお寺のイロハ
No.325　マネー殺到！　期待のベンチャー
No.326　かんぽの闇　保険・投信の落とし穴
No.327　中国　危うい超大国
No.328　子どもの命を守る
No.329　読解力を鍛える
No.330　決算書&ファイナンス入門
No.331　介護大全

週刊東洋経済eビジネス新書　No.332
ビジネスに効く健康法

【本誌（底本）】

編集局　堀川美行
デザイン　小林由依
イラスト　関　祐子
進行管理　下村　恵
発行日　２０１９年１０月１９日

【電子版】

編集制作　塚田由紀夫、長谷川　隆
デザイン　市川和代
制作協力　丸井工文社

発行日　２０２０年４月６日　Ver.1
発行所　〒１０３-８３４５
東京都中央区日本橋本石町１-２-１
東洋経済新報社
電話　東洋経済コールセンター
０３（６３８６）１０４０
https://toyokeizai.net/
発行人　駒橋憲一

電子書籍化に際しては、仕様上の都合などにより適宜編集を加えています。登場人物に関する情報、価格、為替レートなどは、特に記載のない限り底本編集当時のものです。一部の漢字を簡易慣用字体やかなで表記している場合があります。本書は縦書きでレイアウトしています。ご覧になる機種により表示に差が生じることがあります。

本書に掲載している記事、写真、図表、データ等は、著作権法や不正競争防止法をはじめとする各種法律で保護されています。当社の許諾を得ることなく、本誌の全部または一部を、複製、翻案、公衆送信する等の利用はできません。

もしこれらに違反した場合、たとえそれが軽微な利用であったとしても、当社の利益を不当に害する行為として損害賠償その他の法的措置を講ずることがありますのでご注意ください。本誌の利用をご希望の場合は、事前に当社（TEL：03-6386-1040もしくは当社ホームページの「転載申請入力フォーム」）までお問い合わせください。

※本刊行物は、電子書籍版に基づいてプリントオンデマンド版として作成されたものです。